Autor _ ZOLA
E RUI BARBOSA

Artigos _ EU ACUSO!
O PROCESSO DO
CAPITÃO DREYFUS

Tradução© _ Ricardo Lísias

Edições _ 2007 2008 2010

Corpo editorial _ André Fernandes,
Bruno Costa,
Caio Gagliardi,
Fábio Mantegari,
Iuri Pereira,
Jorge Sallum,
Oliver Tolle,
Ricardo Martins Valle,
Ricardo Musse

Dados _ Dados Inter. de Catalogação na Publicação

Eu acuso! O processo do capitão dreyfus / Émile Zola, Rui Barbosa (organização e tradução, Ricardo Lísias) – São Paulo : Hedra : 2008 Bibliografia.

ISBN 97-8857715-069-4

I. Ensaio francês 1. Periódicos franceses
2. Título 3. Rui Barbosa CDD-844.74

Índice para catálogo sistemático:
1. Ensaio francês : Jornais franceses
844.74

EDITORA HEDRA LTDA.

Endereço _
R. Fradique Coutinho, 1139 (subsolo)
05416-011 São Paulo SP Brasil

Telefone/Fax _ +55 11 3097 8304

E-mail _ editora@hedra.com.br

Site _ www.hedra.com.br

Foi feito o depósito legal.

Autor _ Zola
e Rui Barbosa

Artigos _ Eu acuso!
O processo do
capitão Dreyfus

Organização e tradução _ Ricardo Lísias

São Paulo _ 2013

Émile Zola (Paris, 1840—id. 1902), romancista, ativista político e crítico francês, figura ao lado de Balzac como um dos mais importantes e profícuos escritores do século XIX. Sua obra, fortemente marcada pelo realismo social, muitas vezes de caráter documental, além do acabamento estético, possui o mérito de ter refletido as mudanças que as revoluções industrial e econômica introduziram na França. Militante e um dos mentores da escola naturalista, Zola conheceu de perto a pobreza. Foi colega de classe de Paul Cézanne, em Aix-en-Provence, onde passou a infância. Em 1859, abandona os estudos após tentar duas vezes o exame para bacharel e vive dois anos de grande penúria. Em 1870, inicia a redação de uma extensa série de romances, o ciclo dos Rougon-Macquart (1871–1893). Deles destacaram-se *Naná* (1879), retrato franco sobre a prostituição, e *Germinal* (1885), relato chocante sobre as condições desumanas impostas aos mineiros. Falece em circunstâncias misteriosas, vítima de envenenamento por monóxido de carbono em decorrência de uma obstrução na chaminé de sua lareira.

Rui Barbosa (Salvador, 1849—Petrópolis, 1923), escritor, jornalista, jurista, diplomata, tradutor e político brasileiro, foi um dos mais destacados e influentes estadistas que o Brasil já teve. Um dos fundadores da Academia Brasileira de Letras, liderou em 1907 a delegação brasileira na Conferência de Paz, em Haia, Holanda. Lá, sua participação brilhante lhe valeu renome internacional e a alcunha de "Águia de Haia". Em 1893, por combater o golpe que levou Floriano Peixoto à presidência, teve de se exilar, primeiro em Buenos Aires, depois em Lisboa e, por fim, em Londres, onde permanece até 1895, e de onde contribuía para a imprensa brasileira com uma série de artigos mais tarde publicados sob o título de *Cartas de Inglaterra*(1896). Concorreu duas vezes à presidência do Brasil, e em 1921 foi eleito juiz da Corte Internacional de Justiça. Sua obra, rica e extensa, abrange vários campos do saber, e incluem os *Comentários à Constituição Federal Brasileira*, *O Elogio de Castro Alves* (1881), *Visita à Terra Natal* (1893), *Discursos e Conferências* (1907) e *Oração aos Moços* (1920).

Eu acuso! foi publicado em 13 de janeiro de 1898 no jornal *L'Aurore*, como uma carta aberta dirigida ao então presidente Félix Faure, causando grande e imediata repercussão. Trata da denúncia contra oficiais do exército francês, que ocultaram a verdade no tumultuado caso em que Alfred Dreyfus, oficial francês de origem judaica, foi acusado injustamente de traição e espionagem. A reação não tarda e Zola é processado por difamação e condenado. Quando não havia mais esperanças de que seu recurso fosse aceito, é obrigado a fugir para a Inglaterra, em julho de 1899, de onde só retornaria um ano depois, quando o caso foi reaberto.

O processo do capitão Dreyfus, de Rui Barbosa, data de janeiro de 1895, portanto, três anos antes da carta aberta de Zola. O próprio Dreyfus, em suas memórias, reconhece ter sido de Rui a primeira voz a se levantar publicamente em sua defesa. A partir da Inglaterra, onde se encontrava exilado, Rui analisa, com a eloquência que lhe é característica, os desdobramentos do caso, pontuando as diferenças de tratamento que os jornais franceses e ingleses deram ao *affaire*.

Ricardo Lísias é escritor e doutor em Literatura Brasileira pela Universidade de São Paulo. Publicou *Capuz* (Hedra, 2001), *Dos nervos* (Hedra, 2004), *Anna O. e outras novelas* (Globo, 2007), entre outros títulos.

SUMÁRIO

INTRODUÇÃO

Quando, depois de uma carta interceptada e de uma obscura investigação, o capitão Alfred Dreyfus termina preso, acusado de alta traição, Émile Zola já tinha sido reconhecido como o maior escritor francês vivo. Um ano antes, em 1893, Zola havia colocado o ponto final no romance *O doutor Pascal*, o último de uma série de vinte livros. A coleção de romances, que já vinha fazendo sucesso enquanto era publicada, procurava dar conta, com o mesmo fôlego romanesco que os franceses conheciam, por exemplo, em Honoré Balzac (e que talvez, depois, animaria Marcel Proust), de um extrato sociofamiliar do Segundo Império.

O ciclo *Os Rougon-Macquart*, nome com que o próprio Zola chamou a série, a partir do sobrenome das famílias que compunham o enredo, ajudou a fixar a fama de um escritor que tinha por hábito, além do trabalho com a ficção, colaborar continuamente com a imprensa, o que o tornava uma importante figura de debate. Desde já é possível apresentar uma das principais características do trabalho de Émile Zola: a intervenção. Seja a partir da ficção, ou por meio de um texto para a imprensa, o autor de *Germinal* jamais deixou de intervir em tudo que lhe parecesse importante para a sociedade da época.

Os romances tentavam, sempre com traços fortes e irônicos, apresentar a vida hipócrita e sem charme da burguesia francesa, tratando de acordos espúrios, traições, pequenos e grandes atos de corrupção e todo tipo de mesquinharia que sustentava certa camada social da época. Os textos centram-se em acontecimentos domésticos, mas através de uma enorme habilidade de estender a trama por longos braços, atingem tanto as classes mais abaixo quanto as que se localizavam acima dos Rougon-Macquart. A concepção de painel, que já vinha sendo praticada antes e se tornaria cara a grandes artistas da modernidade heroica (basta pensarmos, com consequências teóricas diferentes, em James Joyce ou Robert Musil), orienta o andamento da série, que tenta cobrir quase toda a segunda metade do século XIX.

Mesmo sua concepção de ficção, enfeixada sob o impreciso rótulo de "realismo-naturalista", orientava-se segundo uma ideia de que a arte poderia, a partir da compreensão de alguns pilares sociais básicos, não apenas compreender o ser humano, mas intervir concretamente no andamento de sua vida social. Com isso, Zola se colocava na mesma família que Victor Hugo, Charles Dickens e, com mais distância, o próprio Balzac ou mesmo Charles Baudelaire.

Como se sabe, a modernidade que nascia com o autor de *As flores do mal* trazia em seu interior a determinação de que a arte deixasse de ser apenas algo que representasse o mundo para intervir, criando algo semelhante a uma máquina que funcionasse com perfeição, segundo o encaixe que artista e público tentassem conceber. Zola, é verdade, ainda pretendia representar traços do que ele achava importante na sociedade francesa do século XIX. Ainda assim, elegendo questões agudas (caso, por exemplo, do citado *Germi-*

nal, ou de *Naná*), a intenção de intervir torna evidente a necessidade de organizar seus textos segundo um parâmetro de eficácia política. Apenas esse detalhe já o aproxima dos principais autores da modernidade, tornando-o, por menos que isso seja discutido atualmente, um autor central para a compreensão do século XX e do caminho que a arte, em geral, e a literatura mais particularmente seguiram.

***

Émile Zola nasceu em Paris em 1840, filho de mãe francesa e pai italiano. Quando o menino tinha apenas sete anos, o pai morre e deixa a família em condições difíceis. Mais tarde, o próprio Zola escreveria que seus anos de infância e adolescência seriam cobertos de grande miséria. Ainda assim, o futuro escritor se educa e aos 22 anos começa a trabalhar na livraria Hachette, onde permanece até os 26 anos.

A partir de então, Zola aproxima-se do jornalismo, colaborando com um bom número de veículos. A proximidade com a imprensa, que se estenderia por toda a sua vida — inclusive depois que seus livros o tornam um escritor consagrado — possibilita-o viver de maneira modesta, mas com condições razoáveis para se dedicar à ficção.

Em 1871, Zola publica o primeiro volume do ciclo *Os Rougon-Macquart*. O livro alcança alguma repercussão, mas nada que se compare ao enorme sucesso que, seis anos depois, *A taberna*, o sétimo volume do ciclo, alcançaria.

Encerrada a coleção de volumes sobre os Rougon-Macquart, Zola exercitaria sua inclinação pela série de romances com um segundo ciclo, *Trois Villes*, que

Gravura de F. Valloton (*Le cri de Paris*, 23 de janeiro de 1898, ilustrando a grande repercussão do caso.

seria composto por três volumes publicados entre 1894 e 1898. Mesmo depois do enorme desgaste que o caso Dreyfus lhe traria, o escritor ainda tem fôlego para começar um outro ciclo de romances, chamado por ele de *Les Quatre Évangiles*. O primeiro volume, publicado em 1899, viria a ter o sugestivo nome de *Fécondité*. Em 1901, sai o segundo romance, *Travail*. O terceiro, de título também muito significativo, *Vérité*, é publicado em 1903, em edição póstuma. O ciclo ficaria completo ainda com a publicação do esboço, em estado avançado, do quarto volume, *Justice*, no mesmo ano.

Financeiramente estável a partir do sucesso de *A taberna*, o escritor compra uma casa e estabelece uma vida familiar estável: sua primeira filha, Denise, nasce em 1889. Dois anos depois Zola seria pai de um menino, Jacques. A essa altura, o escritor já era considerado um dos maiores do país e o sucesso de sua obra romanesca ultrapassara as fronteiras da França. Além disso, os jornais recebiam suas colaborações frequentes, que se estendiam do comentário literário à crônica familiar, passando pela intervenção política.

Zola publica o primeiro artigo sobre o caso Dreyfus em 1897. No começo do ano seguinte, o jornal *L'Aurore* estampa, na primeira página, o famoso *Eu acuso!* O texto toma conta de Paris e rende a Zola um processo que o condenaria a um ano de prisão e uma multa de 3000 francos. No mês de julho, depois de ver a sentença confirmada por um tribunal superior, o escritor foge para a Inglaterra para evitar a prisão. De lá, continua sua atividade de escritor.

Depois de uma mobilização enorme, que movimentaria intelectuais de todo o mundo, em junho de 1899 o processo do capitão Dreyfus começa a ser revisto. Com a notícia, depois de 11 meses no exílio voluntário, Zola retorna à França. Um mês depois, aliás, o próprio Dreyfus desembarcaria em solo francês. O país continua abalado pelo caso, o que faz com que o escritor permaneça no centro dos debates. No final de 1900, uma lei anistia todos os envolvidos.

A participação de Zola no caso nunca foi completamente aceita pela sociedade francesa. Enquanto uns o aplaudiram pela bravura e dignidade, separando-lhe a alcunha de "intelectual verdadeiro", outros o tratavam — como a todos os que ousaram defender Dreyfus já no calor dos acontecimentos — como um traidor.

Em 1902, Zola é encontrado morto em circunstâncias misteriosas: com a saída da chaminé obstruída por algumas pedras, ele se asfixia. Ainda hoje, suspeita-se de que o grande escritor foi vítima de assassinato.

***

O chamado caso Dreyfus é um dos mais conhecidos erros judiciais da era moderna. A partir da interceptação de uma carta, em setembro de 1894, cujo conteúdo teria segredos estratégicos, o Estado-Maior francês sai à busca de um culpado e depois de breves investigações chega ao capitão Alfred Dreyfus, acusado aparentemente segundo algumas evidências grafológicas, elas mesmas, aliás, duvidosas.

A acusação de traição torna-se ruidosa e a França se vê ansiosa por achar um culpado. O judeu Dreyfus, em uma sociedade em que o anti-semitismo começava a crescer (e culminaria no vergonhoso apoio às políticas

Caricatura de Zola publicada no jornal *La Patrie* no artigo de Emile Massard *Je prouve...! Pas de Phrases, des Faits!* [Eu aprovo...! Nada de frases, aos fatos!]

racistas da Alemanha de Hitler), torna-se um suspeito facilmente condenado pela opinião pública e, no final daquele mesmo ano, um conselho de guerra o obriga ao degredo na ilha do Diabo, além de expulsá-lo do Exército, com um ato de humilhação pública.

O julgamento é vergonhoso e chama atenção de intelectuais de todo o mundo: como as provas eram, sem nenhuma razão, secretas, o advogado de Dreyfus nem sequer sabia do que exatamente deveria defender seu cliente. Apenas os juízes tiveram acesso a um "documento" que traria provas irrefutáveis contra o capitão. No início de 1895, com a punição sumária engasgada para uma parte da intelectualidade francesa — e, como se verá no caso de Rui Barbosa, do resto do mundo —, Dreyfus é enviado para o degredo. Grande parte da população se vê aliviada, mas para alguns a pena seria desproporcional. As irregularidades do processo, porém, não permitiriam que o assunto deixasse os jornais e, aos poucos, nomes ilustres começam a aparecer entre os "dreyfusards", como ficaram conhecidos aqueles que se dedicaram à defesa do capitão: além de Zola, Anatole France e Marcel Proust figuram entre os escritores que assinaram manifestos, escreveram artigos ou, com mais força, fizeram da causa de Dreyfus uma espécie de ideal ético.

O caso começa a ter uma reviravolta quando, em 1896, o tenente-coronel Picquart, que assume um posto estratégico dentro do Exército, diz que possui evidências muito fortes de que, na verdade, o autor da carta que culminou com o degredo de Dreyfus era o comandante Esterhazy. Com uma manobra rápida, o Exército isola Picquart e o transfere a uma localidade distante da França. Àquela altura, porém, o caso já tinha tomado enormes proporções: em 1897 o irmão de Dreyfus, Mathieu, vai aos jornais e acusa Esterhazy de ser o verdadeiro culpado.

É aqui que Zola resolve se engajar firmemente no caso e começa a redigir uma série de artigos. O primeiro sairia no *Figaro*, em 25 de novembro de 1897. Não conseguindo apoio imediato dos jornais, Zola lança um folheto independente ainda no final daquele ano. O texto é dirigido à juventude e já apresenta momentos da exaltação apaixonada que dominaria os artigos do ano seguinte. No início de 1898, sai outra brochura, com Zola agora se dirigindo à França e apelando para o retorno à dignidade de um país que teria um histórico de lutas pela justiça.

O jornal *L'Aurore*, então, que já havia tomado a defesa de Dreyfus, acolhe o artigo mais importante de toda a série: *Eu acuso!*, que, sob a forma de uma carta aberta ao presidente Félix Faure, balança todo o país. Já bastante familiarizado com o caso, Zola logo de início apresenta o nome dos envolvidos e depois descreve o Conselho de Guerra que havia condenado Dreyfus, demonstrando como o processo inteiro foi tomado por impropriedades, pressa e, no limite, desonestidade. Zola, sempre bastante exaltado, como a ocasião convinha, revela a patética figura do comandante Esterhazy, que já havia sido denunciado, aliás, pelo irmão de Dreyfus, e, depois, chama atenção para o fato de que a corte se contaminara pela comoção que assolou o país e boa parte da imprensa.

O texto chega ao auge nos últimos parágrafos quando Zola enfileira a culpa de cada um dos envolvidos, iniciando oito frases com o verbo "acuso", que, dessa maneira, ecoa fortemente no leitor. O final é surpreendente: o escritor adianta que conhece os artigos da lei a que pode ser acusado por ter redigido aquele tipo de texto. Na conclusão, Zola admite que sua estratégia é justamente fazer o tema voltar à justiça para, então, poder apresentar diante da corte as provas que lhe pareciam incontornáveis.

De fato, poucos dias depois da publicação de *Eu acuso!*, o ministro da Guerra entra com uma queixa e a justiça intima Zola. O escritor, então, publica novo texto: aqui, faz um juramento pela inocência de Dreyfus, colocando inclusive sua própria obra como garantia. O barulho que os textos de Zola causam não parece impressionar os juízes, e a Corte o condena à multa e prisão, o que acabaria por levá-lo ao exílio.

Uma chuva de protestos, vinda de todos os lados, toma conta da França. A solução a que o caso chega termina sendo política, e não judicial: o presidente — depois de uma revisão — resolve "perdoar" Dreyfus e anistiar todos os envolvidos no caso, depois que o processo passa por uma revisão e a culpa de Dreyfus é "atenuada". Zola encerra o exílio, mas não sua intervenção: mais alguns textos são publicados no *L'Aurore*: em alguns, o escritor analisa a decisão da anistia, reafirmando sua convicção pela inocência de Dreyfus e, inclusive, dizendo que, diante da gravidade dos acontecimentos, *Eu acuso!* era um texto comedido; em outros, dirige-se à própria esposa do capitão, que voltava do degredo, para consolá-la.

Em 1901, com os acontecimentos ainda em curso, Zola reúne todos os textos que havia publicado sobre o tema em um livro que, se não fosse a terrível veracidade do conteúdo, talvez pudesse ser considerado um de seus melhores romances. Aliás, é um bom exercício lê-lo a partir de alguns pressupostos romanescos: juntos, os artigos compõem um painel razoavelmente fragmentário, em que as personagens são compostas segundo a ordem de culpa e degradação em um fato que é, desde o início, dado como de amplo conhecimento do leitor.

Quatro anos depois da morte de Zola, o Exército francês finalmente admite o erro e reintegra Alfred Dreyfus, que chega a receber uma medalha da Legião de Honra. O caso, porém, não arrefeceria: em 1908, enquanto participava da cerimônia de transferência das cinzas de Zola ao Panthéon, Dreyfus leva dois tiros no braço, desferidos por um nacionalista exaltado, o jornalista Gregori. Dreyfus morreu em 1935, sem nunca ter deixado, de um jeito ou de outro, de sair dos jornais e do debate político francês e internacional.

***

O caso Dreyfus, de maneira geral, e, mais particularmente, o *Eu acuso!*, de Émile Zola, tiveram uma enorme repercussão no pensamento filosófico e jurídico da época e também das décadas seguintes. Um dos estudos mais agudos é o capítulo dedicado ao assunto que Hannah Arendt publicou em *O sistema totalitário*.[1] O texto da filósofa tem a vantagem de observar as consequências do caso de uma maneira ampla, inclusive

[1] Hannah Arendt, *O sistema totalitário*, Lisboa, Dom Quixote, 1978, p. 179. A frase, no livro, aparece invertida: "Assim termina o único episódio no qual as forças subterrâneas do século XIX vêm à plena luz nos registros da história."

Ilustração de Par Fertom (*Le Pilori*, 23 de janeiro de 1808). "Coroamento de uma carreira", "ZOLA — 'Obrigado, camaradas, vocês ao menos me fizeram justiça'. "

para o desenvolvimento do pensamento nacionalista europeu, que culminaria, entre outros desenvolvimentos, no nazismo alemão. Além disso, Arendt tem o mérito de contextualizar o caso na política francesa, demonstrando como parte da defesa que se formou em torno de Dreyfus tinha interesses que iam além da mera justiça. No entanto, o texto reduz a participação de Émile Zola a uma espécie de mero arrazoado apaixonado, que às vezes ela chega a classificar de patético, sem contextualizá-la nem com a obra do autor de *Germinal* e muito menos compreender seus textos a partir do estilo que, no caso, exigiria que Zola, de fato, lançasse altas doses de emoção, já que pretendia — como Arendt, aliás, nota — transformar inclusive a opinião pública, àquela altura manipulada por parte da imprensa e, em sua maioria, contra o capitão Dreyfus.

Ainda que não observe aspectos da forma literária, o maior ganho do texto de Arendt é a instalação do caso Dreyfus num contexto histórico que teria a curiosa característica de, em suas palavras, expor "à plena luz as forças subterrâneas do século XIX". Curiosamente, e a observação é da própria Arendt, o caso expõe ainda alguns dos traços históricos do século XX, um deles o anti-semitismo.[2]

Para a autora de *Eichmann em Jerusalém*, o fato de

[2]De passagem, ainda, vale repetir que literariamente Émile Zola também instaurou *Eu acuso!* dentro das novas manifestações artísticas que surgiam com a modernidade que, segundo Malcolm Bradbury, "gerou algumas das obras literárias mais geniais e perturbadoras que conhecemos, e algumas das mais dolorosas *manifestações da autoconsciência* e da ansiedade modernas". (Grifo nosso.)

Dreyfus ser judeu foi decisivo em sua condenação e, depois, na oposição que a opinião pública lhe dedicou. O fato é indiscutível. Como o assunto tomou proporções internacionais, com protestos vindos de todos os cantos do mundo, o caso Dreyfus teria tido como "único resultado visível o nascimento do movimento sionista — a única resposta política que os judeus encontraram para o anti-semitismo, e a única ideologia a qual chegaram a levar a sério o comportamento hostil, que os impeliria para o centro dos acontecimentos mundias".[3] Se pensarmos nos conflitos do Oriente Médio e na política preventiva contra o povo palestino, por exemplo (ou para ir mais longe, em todo tipo de guerra preventiva que toma conta do mundo contemporâneo), de imediato fica claro o alcance do "erro judiciário" cometido contra o capitão Alfred Dreyfus no ano de 1894.[4]

***

Interessante para nós brasileiros, e para aqueles que se interessam pelo caso no plano jurídico, é um texto que Rui Barbosa redigiu, logo depois dos primeiros julgamentos e da condenação, no começo de 1895, e enviou, da Inglaterra, para o *Jornal do Commercio*, no Rio de Janeiro. O texto de Rui Barbosa é baseado em notícias da imprensa e em sua intuição de jurista e

[3] *Idem, ibidem.*

[4] Como detalhe auxiliar, que talvez interesse mais aos psicanalistas que aos filósofos, Arendt lembra ainda que o caso Dreyfus não teve um desfecho jurídico, ficando em aberto com a anistia geral (sublinha ela que ilegal) concedida a todos os envolvidos no caso. Simbolicamente — e agora a observação é minha —, um desfecho no âmbito legal talvez tivesse sido útil para minorar as graves consequências do caso.

"ZOLA — Abra! A verdade, o direito e a liberdade exigem!
UM GENERAL (de dentro da sala) — Não entrarão!
ZOLA Não? Então, violência. Eu forcarei a porta com a minha espada."

(*Nederlandsche Werkman*, Holanda, 5 de fevereiro de 1898)

alinhava questões políticas a princípios jurídicos para expor a ilegalidade e a inconsistência do processo. Não existe sinais da repercussão do texto na Europa (muito menos na França), mas por aqui o estudo de Rui Barbosa circulou e chegou a ser publicado em Buenos Aires.

O cerne do texto de Rui é uma comparação entre o sistema judicial francês e o inglês: segundo ele, esse último jamais permitiria ser influenciado pela opinião pública, decisiva no caso Dreyfus. Obviamente, o jurista brasileiro pende para o lado da "frieza" britânica, chegando mesmo a insinuar se não haveria algo de "latino" na propensão de alguns povos por condenar antes de qualquer julgamento. No caso de Dreyfus, inclusive antes de qualquer julgamento e sem nenhuma prova concreta.

Rui Barbosa aponta ainda a inconsistência absoluta da única prova que existiria contra Dreyfus, o famoso "documento", que permaneceu o tempo inteiro secreto, e cuja autenticidade não se pode contestar, já que quando o advogado do acusado tentou fazê-lo teve a voz cortada. O tom do artigo é frio e grande parte dele é coberta por uma espécie de resumo da imprensa inglesa sobre o caso. Além disso, o texto de Rui Barbosa se diferencia do de Zola pela recusa a qualquer emotividade — lembrando, outra vez, que o jurista brasileiro focava outro público.

No entanto, há uma coincidência curiosa e interessante: tanto Rui quanto, depois, Zola chamam atenção para a falta de motivações concretas para um homem como Alfred Dreyfus cometer um crime como aquele. Nessa altura, o trecho de Rui Barbosa parece, depois, ter ecoado na pena de Zola:

> Ora, Dreyfus não tinha no seu passado uma nódoa, um traço duvidoso. Quinze anos de serviços imaculados e a alta posição de confiança, que ocupava no mais delicado ramo da administração da guerra, definem-lhe a fé de ofício. A superabundância de seus recursos, a opulência de sua família, a simplicidade de seus hábitos, a sua aversão ao jogo, a concentração exclusiva de sua vida particular nas afeições domésticas excluem a suspeita das seduções tenebrosas, que

são frequentemente a explicação obscura dessas catástrofes da honra.

Se acrescentarmos a tinta da indignação e um estilo mais veemente, podemos encontrar eco do trecho citado em diversas passagens de Zola, como quando ele lista algumas das qualidades de Dreyfus:

> Dreyfus domina vários idiomas: crime; não há um papel sequer em sua casa que o comprometa: crime; de vez em quando ele retorna à sua pátria: crime; trabalha muito, tem o cuidado de se informar sobre tudo: crime; não perde a calma: crime; perde a calma: crime.

Obviamente, não há nenhuma importância na vantagem cronológica do texto de Rui Barbosa. A comparação com o de Zola, no entanto, é lucrativa se observarmos questões de estilo: o brasileiro, ainda que sem fazer uso de termos técnicos, procurava alinhavar argumentos jurídicos, colocando lado a lado duas jurisdições para concluir pela vantagem da independência britânica quanto ao clamor popular. Além disso, Rui aponta a inconsistência da necessidade do segredo e, ao mesmo tempo, do ocultamento da única prova contra Dreyfus, já que o assunto poderia ser tratado por ambas as partes no interior do tribunal.

Zola, por sua vez, e até porque escrevia três anos depois, quando os acontecimentos tinham tomado proporções gigantescas, não se preocupa com alegações jurídicas, já que para ele a questão estava mais do que estabelecida. Para o grande escritor, a verdade está exposta e precisa apenas chegar aos donos do poder, que estariam manipulando interesses subterrâneos, para adotar a linguagem de Hannah Arendt, e ao mesmo tempo sendo manipulados pela opinião pública, desde sempre irracional, como o próprio Rui Barbosa faz questão de lembrar.

A diferença entre os dois textos, portanto, é de estilo: cada um dos autores precisa adequar suas ferramentas de redação para redigir algo coerente e que obtivesse o efeito desejado. Rui Barbosa, sem sombra de dúvidas e assumidamente, objetivava expor para o Brasil o bom exemplo da justiça britânica e, ao mesmo tempo, demonstrar o perigo para a justiça quando as emoções falam mais alto. Zola, por sua vez, precisava enfrentar essa emoção a ponto de fazer o público observar verdades que para ele, àquela altura, já eram inquestionáveis. Já que estamos falando de ferramentas formais, adequação de estilo e termos de linguagem, temos toda a tranquilidade para concluir que os textos de Rui Barbosa e de Émile Zola, sobretudo o desse último, estão no âmbito da literatura.

***

Com o passar dos anos, enquanto o século XX mergulhava na escuridão bélica que o abateria algumas vezes, o texto de Zola foi se tornando menos valorizado até que, em algum momento, começou a ser chamado de "panfleto": algo que, por ter um teor de propaganda política explícita, não alcançaria nenhum valor estético. A propósito, valeria a pena investigar os diversos sentidos que a palavra "panfleto" carregou — aos moldes do clássico vocabulário de Raymond Williams[5] — para descobrir quando exatamente o termo tornou-se pejorativo. Nesse momento, a teoria literária (e também

[5] Raymond Williams, *Palavras-chave*, São Paulo, Boitempo, 2007.

Caricatura de R. Rordallo Pinheiro, para o jornal de Lisboa *Antonia Maria* (17 de fevereiro de 1898).

o discurso que os artistas procuram formar sobre seu próprio trabalho) viu-se em meio a uma enorme confusão.

Entre tantos, um dos paradoxos intelectuais do século XX é o que contrapõe esse fato, a produção de um discurso que procura esvaziar a arte de qualquer sentido político, ao desenvolvimento da linguística, que aponta justamente para a existência de um ato político por trás de toda manifestação de linguagem. No Brasil contemporâneo, inúmeros setores ligados à literatura repetem à exaustão o clichê: literatura e política são dois planos separados.

Uma das consequências nefastas do discurso de separação entre estética e política é a desqualificação da figura do escritor como um produtor de intervenção no seu próprio tempo. Obviamente, não defendo a superioridade da opinião do artista sobre qualquer outra, mas é fácil ver que, tal foi a diluição da forma literária no vazio ideológico, o escritor tornou-se irrelevante no que toca à emissão de qualquer discurso que não seja o imediatamente associado à sua assim chamada "obra", ficcional ou de qualquer outro gênero.

***

Entre tantas particularidades, a tradução de *Eu acuso!* procurou manter em língua portuguesa a veemência do texto de Émile Zola. As diversas frases exclamativas foram vertidas para o português, o tom indignado foi mantido, e a sintaxe direta, conservada. Fizemos pequenas alterações de pontuação apenas onde o sentido exigia.

Apenas um termo merece destaque, justamente o mais importante de todo o texto: o tal *bordereau*, que seria a origem de todo o caso Dreyfus. O suposto documento que continha informações confidenciais sobre a segurança francesa, encontrado com os alemães e atribuída a Dreyfus, é apresentado por Zola como *bordereau*. Como sublinhamos, nem a defesa do acusado pôde ter acesso a esse "documento". Enquanto o texto se desenvolve, *bordereau* acaba significando as provas que a justiça oculta e, ao mesmo tempo, usa para condenar os acusados de traição. Dessa forma, optamos por utilizar o cartorial "documento", para traduzir, *bordereau*, mantendo assim o caráter de papel desconhecido que Zola tentou imprimir ao termo, ao mesmo tempo que dava certo ar de patético à solene ilegalidade do processo.

A presente tradução foi baseada na edição da Librio, publicada em francês com apresentação de Philippe Oriol em 1998. Aqui e ali observamos as soluções encontradas pela tradutora da edição inglesa, Eleanor Levieux, publicada pela editora da Universidade de Yale, em 1996. Por fim, consultamos também a tradução brasileira, publicada pela extinta Edições Atlanta, no Rio de Janeiro.

Scheurer-Kestner, diante de Zola, aplica uma vacina de traição no major Esterhazy, produzida com o sangue do novilho Dreyfus. (*Strekoza*, São Petersburgo, Rússia, janeiro de 1898).

EU ACUSO!

CARTA A M. FÉLIX FAURE, PRESIDENTE DA REPÚBLICA

Excelentíssimo senhor Presidente da República, permita-me, em gratidão à generosa acolhida que o senhor me deu em uma ocasião passada, apelar para a sua justa glória e dizer que sua estrela, tão honrada até aqui, está ameaçada pela maior das vergonhas, a mais indelével das manchas.

O senhor livrou-se, são e salvo, das maiores calúnias, tendo conquistado os corações; saiu apoteótica e radiosamente desta festa patriótica que foi para a França a aliança com a Rússia, e prepara-se para presidir ao triunfo solene da nossa Exposição Universal, que coroará nosso grande século cheio de trabalho, verdade e liberdade. Mas é enorme a mancha sob o seu nome — eu iria dizer sob seu governo — que é esse abominável caso Dreyfus! Uma corte marcial acaba, por ter recebido ordens nesse sentido, de ousar absolver o tal Esterhazy, supremo golpe em qualquer verdade, em qualquer justiça. E está feito: a vergonha está estampada no rosto da França, e a história registrará que foi sob a sua presidência que tamanho crime social foi cometido.

E como foram ousados, serei da minha parte ousado também. Vou falar a verdade, pois prometi resguardá-la, já que a justiça, conspurcada diversas vezes, não faz isso, plena e inteiramente. Tenho o dever de falar, eu não quero ser cúmplice. Minhas noites seriam assombradas pelo espectro de um inocente que sofre no além-mar, mergulhado na mais dolorosa tortura, por um crime que ele não cometeu.

E será à Sua Excelência, senhor Presidente, que dirigirei meus clamores, a verdade, com toda a força da minha revolta de homem honesto. Conheço a sua honra e, por isso, sei que ignora a verdade. A quem mais eu poderia denunciar a turba malfeitora dos verdadeiros culpados, que não à Sua Excelência, o primeiro magistrado do país?

A verdade, para começar, sobre o processo e a condenação de Dreyfus.

Um homem nefasto, responsável por tudo, autor de tudo, é o comandante du Paty de Clam, naquele momento um simples oficial. Ele é a personificação do caso Dreyfus; nada será esclarecido até que uma investigação imparcial tenha estabelecido claramente seus atos e sua responsabilidade. Ele representa uma figura nebulosa, a mais complicada, obcecado pelas intrigas romanescas, comprazendo-se, à maneira dos folhetins baratos, com papéis que desaparecem, cartas anônimas, encontros em lugares desertos, mulheres misteriosas que carregam, à noite, provas irrefutáveis. Ele imagina ter ditado o documento a Dreyfus; é ele que sonha estudá-lo em um cômodo inteiramente revestido de espelhos, é ele que o comandante Forzinetti nos representa, empunhando uma lanterna velada, desejando se aproximar do acusado adormecido, para projetar sobre seus olhos um jato de luz e surpreendê-lo então em seu crime, na confusão do sonho. Não tenho mais nada a dizer: se procurar, alguma coisa aparece. Declaro simplesmente que o comandante du Paty de Clam, encarregado de instruir o caso Dreyfus, como representante da justiça, e, segundo a cronologia e a importância dos fatos, é o primeiro culpado do erro judicial que foi cometido.

Depois de algum tempo o documento foi parar nas mãos do coronel Sandherr, diretor do serviço de inteligência, que morreu de paralisia geral. Então as coisas começaram a "desaparecer", papéis sumiram, como até hoje estão sumindo; e foram atrás de saber quem era o autor do documento, e um pré-requisito foi pouco a pouco se construindo: o culpado teria de ser um oficial do Estado-Maior, e da artilharia: duplo erro manifesto, que mostra a superficialidade com que o processo foi tratado, pois um exame cuidadoso demonstra que o culpado necessariamente precisa ser um oficial de tropa.

Foi feita uma busca em domicílio, olharam os papéis, como se tudo fosse um caso de família, uma tramoia a ser desvendada dentro dos escritórios mesmo e então os culpados seriam expulsos. E, sem querer aqui contar uma história já conhecida em parte, entra em cena o comandante du Paty de Clam, quando as primeiras suspeitas começam a recair sobre Dreyfus. Foi então que ele inventou um Dreyfus, o caso tornou-se o seu caso, ele se esforçou para confundir o traidor e fazê-lo confessar tudo. Há ainda o ministro da Guerra, general Mercier, cuja inteligência parece medíocre; há o chefe do Estado-Maior, general Boisdeffre, que aparenta ter cedido à sua paixão clerical, e o subchefe do

Cinq Centimes

L'AURORE

Littéraire, Artistique, Sociale

J'Accuse...!

LETTRE AU PRÉSIDENT DE LA RÉPUBLIQUE

Par ÉMILE ZOLA

LETTRE

A M. FÉLIX FAURE

Président de la République

Primeira página do jornal na qual figurou pela primeira vez o artigo de Émile Zola, *J'accuse!* [*Eu acuso!*].

Estado-Maior, o general Gonse, cuja consciência se acomoda a quase tudo. Mas, no fundo, não se trata de ninguém além do comandante du Paty de Clam, que os guia a todos, que os hipnotiza, pois ele também se ocupa do espiritismo, do ocultismo: ele conversa com os espíritos. É impossível conceber as situações às quais ele submeteu o infeliz Dreyfus, as armadilhas nas quais ele quis apanhá-lo, as investigações delirantes, as invenções montruosas, uma enorme demência torturante.

Ah! Esse primeiro fato é um pesadelo para quem o conhece nos seus verdadeiros detalhes! O comandante du Paty de Clam prende Dreyfus e o coloca na solitária. Vai até a casa da senhora Dreyfus, amedronta--a, e diz que se ela contar alguma coisa para alguém seu marido estará perdido. Durante esse tempo, o infeliz se desespera, clamando inocência. E a instrução foi feita dessa forma, como se fosse uma crônica do século XV, misteriosa, com expedientes cruéis, tudo baseado exclusivamente em uma evidência infantil, esse documento imbecil, que não passa de uma traição vulgar, a patifaria mais grosseira, pois os famosos segredos transmitidos se revelaram todos sem nenhum valor. Eu insisto porque é aqui que está a semente de onde surgirá o verdadeiro crime, a espantosa recusa de justiça que torna a França um lugar doente. Eu gostaria de entender como esse erro judicial pôde ser possível, como ele surgiu das maquinações do comandante du Paty de Clam; como o general Mercier e os generais de Boisdeffre e Gonse puderam se deixar levar e torna-se pouco a pouco cúmplices desse erro, que mais tarde acreditaram dever impor como uma verdade santa, uma verdade indiscutível. *A priori*, só houve da parte deles falta de cuidado e burrice. De mais a mais, sentimos que eles cederam às paixões religiosas da comunidade e ao preconceito corporativista. Permitiram que a estupidez acontecesse.

Mas então Dreyfus se submete ao Conselho de Guerra. Exige-se o mais absoluto sigilo. Mesmo que um traidor houvesse aberto a fronteira ao inimigo para permitir que o imperador alemão tomasse Notre Dame, não seriam tomadas precauções de sigilo e mistério tão severas. A nação treme de espanto, um diz-que-diz de ocorrências terríveis, dessas traições monstruosas que indignam a História; e naturalmente o país se dobra. Não há punição que chegue, ele apoiará a degradação pública, desejará que o culpado se enterre em um solo imutável de infâmia, devorado pelo remorso. E, por isso, os fatos indizíveis, as coisas perigosas capazes de incendiar a Europa e que por isso tiveram de ser em sigilo soterrados serão verdadeiros? Não! Tudo não passou de fruto da imaginação romanesca e desvairada do comandante du Paty de Clam. Tudo foi feito apenas para esconder o mais estapafúrdio dos folhetins. Para que isso fique claro, basta que o ato de acusação, lido diante do conselho de guerra, seja analisado com um pouco de cuidado.

Ah! A inutilidade desse ato de acusação! É um prodígio de iniquidade que um homem tenha sido condenado por meio desse ato. Desafio todos os homens corretos a lê-lo sem que seu coração se encha de indignação e não grite de revolta, vendo o exagero da pena na distante Ilha do Diabo. Dreyfus domina vários idiomas: crime; não há um papel sequer em sua casa que o comprometa: crime; de vez em quando ele retorna à sua pátria: crime; trabalha muito, tem o cuidado de se informar sobre tudo: crime; não perde a calma: crime; perde a calma: crime. E as platitudes de redação, as assertivas formais no vazio! Falou-se em 14 itens de acusação: no final das contas, não encontramos mais do que um, o tal documento; e já sabemos que nem com relação a ele os especialistas estão de acordo; e que um deles, o sr. Gobert, foi militarmente constrangido porque ousou chegar a uma conclusão diversa daquela que se desejava. Falou-se ainda em 23 oficiais que teriam arrasado Dreyfus em seus testemunhos. Nada sabemos do que falaram, mas é fato que parte deles não o acusou; é obrigatório observar, ainda, que todos pertenciam ao Ministério da Guerra. É um processo interno, feito entre pares, e não se deve esquecer: o Estado-Maior queria o processo, levou a cabo o julgamento e termina de fazer outro.

Portanto, nada mais que o documento, a respeito do qual os especialistas não se entendem. Conta-se que, dentro da sala do conselho, os juízes estavam na iminência de absolvê-lo. E, então, para justificar a obstinação desesperada pela condenação, afirma-se hoje que há um documento secreto, incontornável, um documento que não se pode mostrar, que legitima tudo, diante do qual devemos nos inclinar, o bom Deus invisível e incognoscível! Eu o recuso, recuso esse documento, recuso-o com todas as minhas forças! Um documento ridículo, sim, deve ser o documento em que se trata de umas mulherzinhas e se fala de um tal D... que se transforma em figura muito exigente: algum marido sem dúvida decepcionado por que não lhe pagaram um bom preço por sua esposa. Mas esse documento, que interessa tanto à defesa nacional, não poderia ser exibido sem que uma guerra fosse declarada amanhã, não, não! É mentira! E é de tal maneira odiosa e cínica que essas pessoas mentem impunemente, sem que nada os convença. Elas amotinam a França, escondem-se atrás da sua legítima emoção, fazem calar as bocas confundindo os corações, pervertendo os espíritos. Não conheço crime cívico maior.

Aqui está, portanto, senhor Presidente, os fatos que explicam como um erro judiciário pôde ser cometido; e as provas morais, a situação do destino de Dreyfus, a ausência de motivos, seu contínuo clamor de inocência, exigem que eu o apresente como uma vítima da extraordinária imaginação do comandante du Paty de Clam, do meio clerical em que ele está, da perseguição aos "judeus sujos", que desonra nossa época.

E aqui chegamos ao caso Esterhazy. Três anos já se passaram, muitas consciências permanecem profundamente confusas, inquietam-se, questionam e terminam se convencendo da inocência de Dreyfus.

Não farei o histórico das dúvidas e da posterior certeza do sr. M. Scheurer-Kestner. Mas, enquanto ele investigava por conta própria, passavam-se fatos graves no próprio Estado-Maior. O coronel Sandherr morre, e o tenente-coronel Picquart lhe sucede na chefia do serviço de inteligência. E, por sua vez, no exercício de suas funções foi que chegou às mãos desse último um telegrama, endereçado ao comandante Esterhazy, remetido por um agente a serviço no exterior. Seu estrito dever era o de abrir uma sindicância. Fato é que ele nunca deixou de obedecer a seus superiores.

Ele apresentou, pois, suas suspeitas aos seus superiores hierárquicos, o general Gonse, depois o general de Boisdeffre e, por fim, o general Billot, que ocupou o lugar do general Mercier no Ministério da Guerra. O famoso dossiê Picquart, de que tanto se fala, nunca foi nada além do que o dossiê Billot, um dossiê feito por um subordinado para o seu ministro, dossiê que deve ainda estar no Ministério da Guerra. As investigações duraram de maio a setembro de 1896, e o que é preciso, dizer em alto e bom som é que o general Gonse estava convencido da culpabilidade de Esterhazy e que o general de Boisdeffre e o general Billot não tinham nenhuma dúvida de que o autor do documento era Esterhazy. A investigação do tenente-coronel Picquart tinha conduzido a essa constatação certeira. Mas o constrangimento era grande, pois a condenação de Esterhazy acarretaria necessariamente a revisão do processo Dreyfus; e isso é que o Estado-Maior queria evitar a qualquer custo.

Deve ter havido um instante cheio de angústia psicológica. É fato que o general Billot não estava comprometido com nada, ele tinha acabado de saber de tudo, podia, portanto, dizer a verdade. Ele não ousou, temendo sem dúvida a opinião pública, certamente também acreditando que livraria todo o Estado-Maior, o general de Boisdeffre, o general Gonse, sem falar dos inferiores. Depois, houve apenas um minuto de combate entre a sua consciência e o que ele acreditava ser o interesse militar. Quando esse minuto passou, já era muito tarde. Ele estava engajado, já estava comprometido. E, desde então, sua responsabilidade não para de crescer. Ele tomou para si o crime de outrem, é tão culpado quanto os outros, é mais culpado que os outros, pois tinha a oportunidade de fazer justiça, e não a fez. Veja isso! Faz um ano que o general Billot, os generais de Boisdeffre e Gonse sabem que Dreyfus é inocente, e guardam para si essa verdade aterradora! E dormem tranquilos em casa, com suas esposas e filhos que os amam!

O tenente-coronel Picquart estava cumprindo suas obrigações de homem honesto. Insistia com seus superiores, em nome da justiça. Respondia, dizia quanto suas decisões eram apolíticas, diante da terrível tempestade que se construía, que se daria quando a verdade fosse conhecida. Essa foi, mais tarde, a argumentação que M. Scheurer-Kestner dirige igualmente ao general Billot, conclamando-o, por patriotismo, a pegar o caso com as mãos, não deixá-lo mais se agravar para evitar um desastre público. Não! O crime estava cometido, o Estado-Maior não poderia mais evitar seu crime. E o tenente-coronel Picquart foi enviado para o exterior, cada vez mais distante, até a Tunísia, onde se quis até mesmo certa vez honrar sua bravura, encarregando-o de uma missão que o teria seguramente massacrado, em lugares em que o marquês de Mores encontrou a morte. Ele não caiu em desgraça, o general Gonse manteve com ele uma correspondência amigável. Apenas não era muito conveniente divulgar alguns segredos.

Em Paris, a verdade começava irresistivelmente a aparecer e sabia-se que em algum momento a tempestade explodiria. M. Mathieu Dreyfus denuncia o comandante Esterhazy como o verdadeiro autor do documento, no mesmo momento em que M. Scheurer-Kestner colocava, nas mãos do Ministério da Justiça, um pedido de revisão do processo. E aqui aparece o comandante Esterhazy. Testemunhas o descrevem de início descontrolado, disposto a se suicidar ou fugir. Depois, de repente, cria coragem e assusta Paris pela violência de sua atitude. É que tinha chegado ajuda, ele havia recebido uma carta anônima advertindo-o das manobras de seus inimigos, uma dama misteriosa chegou mesmo a se abalar durante a noite para roubar do Estado-Maior um documento que o salvaria. E aqui eu não posso deixar de lembrar a imaginação fértil do comandante du Paty de Clam. Sua obra, a culpabilidade de Dreyfus, estava em perigo, e ele quis seguramente defender a própria criação. A revisão do processo, seria esse o desfecho do extravagante e trágico folhetim, cujo abominável desenlace realizou-se na Ilha do Diabo! Isso ele não podia permitir. Então, o duelo ocorrerá entre o tenente-coronel Picquart e o comandante du Paty de Clam, um de cara aberta, o outro mascarado. Nós os reencontraremos em breve, diante da justiça civil. No fundo, é sempre o Estado-Maior que se defende, que não quer admitir seu crime, cuja abominação cresce a cada hora.

Com espanto, perguntou-se quem eram os protetores do comandante Esterhazy. Em primeiro lugar, na surdina, o comandante du Paty de Clam, que maquinou e coordenou a coisa toda. Ele foi traído pelos seus próprios métodos bizarros. Depois, é o general de Boisdeffre, o general Gonse, e o próprio general Billot, que são obrigados a absolver o comandante, já que não podem deixar que a inocência de Dreyfus seja reconhecida sem que o Ministério da Guerra caia em descrédito. E o fantástico resultado dessa prodigiosa situação é que o honesto tenente-coronel Picquart, que apenas cumpriu seu dever, será ele a vítima, o ridicularizado e o punido. Ah!, justiça, que terrível desespero rasga o coração! Chega-se ao cúmulo de dizer que ele é o falsificador, que fabricou o telegrama para incriminar Esterhazy. Mas, ó Deus! Por quê? Com que razão? Dai-me um motivo. Ele também foi pago pelos judeus? O mais engraçado é que ele é justamente o anti-semita! Sim! Assistimos a esse espetáculo infame, homens perdidos em dívidas e crimes que se proclamam inocentes, enquanto se mancha a honra de um homem de vida irrepreensível. Quando uma sociedade chega a esse ponto, está desintegrada.

Eis, portanto, senhor Presidente, o caso Esterhazy: um culpado que era preciso inocentar. Retroagindo dois meses, podemos acompanhar hora por hora esse admirável serviço. Vou abreviar, pois aqui não trago nada mais que um resumo da história, cujas páginas vibrantes serão um dia escritas na íntegra.

E, então, vimos o general de Pellieux, depois o comandante Ravary, conduzir uma investigação criminosa em que os canalhas foram purificados, e os honestos, manchados. Logo depois, o Conselho de Guerra foi convocado.

Como se pode esperar que um Conselho de Guerra corrija o erro de outro Conselho de Guerra?

E nem estou me referindo aqui à escolha dos juízes. A ideia superior de disciplina, que corre no sangue desses soldados, não bastaria por si só para invalidar sua capacidade de julgar imparcialmente? Quem fala disciplina, fala obediência. Quando o ministro da Guerra, a principal autoridade, estabeleceu publicamente, sob os aplausos da representação nacional, a autoridade do julgamento, não se pode esperar que um Conselho de Guerra o desminta. Hierarquicamente, é impossível. O general Billot influenciou os juízes com a sua declaração, e eles a julgaram como se devessem partir para o ataque, sem refletir. A opinião preconcebida, que levaram para o julgamento, é evidentemente essa: "Dreyfus foi condenado por traição por um Conselho de Guerra, é, portanto, culpado; e nós, o Conselho de Guerra, não podemos declará-lo inocente, pois sabemos que reconhecer a culpa de Esterhazy é proclamar a inocência de Dreyfus". Nada os demoveria dessa ideia.

Proclamaram uma sentença iníqua, que pesará para sempre sobre os nossos conselhos de guerra e que manchará de suspeita daqui em diante todas as suas decisões. O primeiro Conselho de Guerra não foi inteligente; mas o segundo é forçosamente criminoso. Sua desculpa, repito, é que a autoridade principal já tinha decidido, declarando inatacável o julgamento anterior, santo e superior aos homens, de modo que os inferiores não podiam dizer o contrário. Falam-nos da honra do exército, querem que nós o amemos e o respeitemos. Ah!, claro, o exército que se erguerá diante da primeira ameaça, que defenderá o território francês, ele é o povo, e não sentimos por ele nada além de ternura e respeito. Mas não se trata dele, de quem, em nossa necessidade de justiça, desejamos justamente a dignidade. Trata-se aqui do sabre, o senhor que, quem sabe, nos darão amanhã. Mas beijar com devoção seu punho, ó deus, isso não!

Já o demonstrei: o caso Dreyfus foi o caso do Ministério da Guerra; um oficial do Estado-Maior, denunciado por seus colegas do Estado-Maior, condenado sob a pressão dos chefes do Estado-Maior. E mais uma vez: ele não pode ser inocentado sem que todo o Estado-Maior seja culpado. Também os ministérios, por todos os meios imagináveis, com campanhas nos jornais, com comunicados e tráfico de influência, só cobriram Esterhazy para culpar Dreyfus uma segunda vez. Ah! o governo republicano deveria pôr no olho da rua esse bando de jesuítas, como o próprio general Billot os chama!

Onde está o ministério verdadeiramente forte, de um patriotismo sábio, que terá a coragem de tudo renovar e recriar? Quanta gente não conheço que, diante de uma possível guerra, treme de angústia sabendo em que mãos está a defesa nacional? E a que ninho de baixarias, fofocas e esbanjamentos está entregue esse lugar sagrado, onde se decide o futuro da pátria? Assusta o que o caso Dreyfus acabou revelando, esse sacrifício humano de um infeliz, de um "judeu porco"! Ah!, que agitação de demência e imbecilidade, de imaginações estúpidas, de práticas de políticas mesquinhas, de costumes inquisitoriais e tirânicos, a satisfação de alguns oficiais agaloados esmagando a nação com suas botas, enfiando goela abaixo seu grito de verdade e justiça, sob o pretexto mentiroso e sacrílego da razão de estado!

E é um crime ainda terem se apoiado na imprensa imunda, terem se deixado defender por toda a canalha de Paris, de modo que é essa canalha que triunfa insolenemente, diante da derrota do direito e da simples probidade. É um crime terem acusado de perturbar a França aqueles que a querem generosa, na vanguarda das nações livres e justas, quando tramaram eles próprios a impudente conspiração para impor o erro ao mundo inteiro. É um crime confundir a opinião pública, utilizar para uma sentença fatal essa opinião pública que foi corrompida até o delírio. É um crime envenenar os pequenos e humildes, exasperar as paixões de reação e de intolerância, abrigando-se atrás de um odioso anti-semitismo, de que a grande França liberal dos direitos do homem sucumbirá, se não for curada. É um crime explorar o patriotismo para as obras do ódio; é um crime, por fim, fazer do sabre o deus moderno, quando toda a ciência humana está a serviço da obra iminente da verdade e da justiça.

Essa verdade, essa justiça, que tão apaixonadamente desejamos, que aflição vê-las assim esbofeteadas, mais desprezadas e mais obscurecidas! Desconfio do desmoronamento que se deu na alma de Scheurer-Kestner, e acredito que ele acabará sentindo remorso, o de não ter agido revolucionariamente no dia da interpelação no Senado, revelando o que sabia, para pôr tudo abaixo. Foi o grande homem de bem da história, o homem de vida leal, acreditou que a verdade se bastaria a si própria, sobretudo quando ela lhe aparecia clara como a luz do dia. De que valeria todo o transtorno, se logo o sol a tudo esclareceria? E foi por essa serenidade confiante que foi tão cruelmente punido. O mesmo para o tenente-coronel Picquart, que, por um sentimento de grande dignidade, não quis publicar as cartas do general Gonse. Esses escrúpulos o tornam ainda mais honrado quando sabemos que, enquanto ele se mantinha respeitoso na disciplina, seus superiores o faziam cobrir-se de lama, instruindo eles mesmos o processo, da maneira mais inesperada e ultrajante. Há duas vítimas, dois homens corajosos, dois corações simples, que se entregaram a Deus, enquanto o Diabo se movimentava. E até mesmo se viu, da parte do tenente-coronel Picquart, essa ignomínia: um tribunal francês, depois de ter permitido que o promotor atacasse publicamente uma testemunha, acusando-a de todos os crimes, passar à audiência secreta justamente quando a testemunha começou a se explicar e a se defender. Afirmo ser este mais um crime, um crime que provocará a indignação da consciência universal. Decididamente, nossos tribunais militares têm uma ideia muito particular de justiça.

Essa é, pois, a simples verdade, senhor Presidente, e ela é assustadora, e marcará sua presidência como uma mancha. Desconfio que o senhor não pode fazer nada esse respeito, que é prisioneiro da Constituição e de seus assessores. Mas tem ainda assim um dever como homem, no qual pensa, e que cumprirá. Não que eu duvide, aliás, nem um pouco, que a verdade triunfará. Repito-o, e com uma certeza ainda mais veemente: a verdade está a caminho e ninguém a deterá. As coisas estão apenas começando, pois apenas agora os fatos estão claros: de um lado, os culpados que não querem que a justiça se faça; de outro, os honestos que darão sua vida para que ela se faça. Já o disse antes, e vou repeti-lo aqui: quando a verdade fica soterrada, ela toma corpo, e ganha tal força explosiva que, quando explode, leva tudo consigo. Veremos se o que acaba de ser preparado não será mais tarde o mais retumbante dos desastres.

Mas esta carta já vai longe, senhor Presidente, e é hora de concluí-la.

Acuso o comandante du Paty de Clam de ter sido o criador diabólico do erro judicial, inconscientemente, quero crer, e de ter saído em defesa de sua obra nefasta, durante três anos, por maquinações as mais estapafúrdias e as mais culposas.

Acuso o general Mercier de ter se tornado cúmplice, ainda que por fraqueza de caráter, de uma das maiores iniquidades do século.

Acuso o general Billot de ter tido entre as mãos as provas indubitáveis da inocência de Dreyfus e de tê-las ocultado, tornando-se, pois, culpado de crime de lesa-humanidade e lesa-justiça, por motivos políticos e para livrar um Estado-Maior comprometido.

Acuso o general de Boisdeffre e o general Gonse de tornarem-se cúmplices do mesmo crime, um sem dúvida por paixão clerical, o outro por esse corporativismo que faz do Ministério da Guerra uma arca santa inatacável.

Acuso o general de Pellieux e o comandante Ravary de terem feito uma investigação criminosa, um inquérito da mais monstruosa parcialidade e do qual temos, no relatório do segundo, um monumento perene da mais ingênua audácia.

Acuso os três especialistas em grafologia, os senhores Belhomme, Varinard e Couard de terem emitido pareceres mentirosos e fraudulentos, a menos que um laudo médico os declare tomados por alguma patologia da vista e do juízo.

Acuso o Ministério da Guerra de ter promovido na imprensa, particularmente no *L'Éclair* e no *L'Écho de Paris*, uma campanha abominável, para manipular a opinião pública e acobertar sua falha.

Acuso por fim o primeiro Conselho de Guerra de ter violado o direito, condenando um acusado com base em um documento secreto, e acuso o segundo Conselho de Guerra de ter encoberto essa ilegalidade, por ter recebido ordens, cometendo por sua vez o crime jurídico de absolver conscientemente um culpado.

Fazendo essas acusações, não ignoro enquadrar-me nos artigos 30 e 31 da lei de imprensa de 29 de julho de 1881, que pune os delitos de difamação. E é voluntariamente que eu me exponho.

Quanto às pessoas que eu acuso, não as conheço, nunca as vi, não nutro por elas nem rancor nem ódio. Não passam para mim de entidades, de espíritos da malevolência social. O ato que aqui realizo não é nada além de uma ação revolucionária para apressar a explosão de verdade e justiça.

Não tenho mais que uma paixão, uma paixão pela verdade, em nome da humanidade que tanto sofreu e que tem direito à felicidade. Meu protesto inflamado nada mais é que o grito da minha alma. Que ousem portanto levar-me perante ao tribunal do júri e que o inquérito se dê à luz do dia!

É o que espero.

Receba, senhor Presidente, minhas manifestações de mais profundo respeito.

O PROCESSO DO CAPITÃO DREYFUS

O PROCESSO DO CAPITÃO DREYFUS
por Rui Barbosa

(Londres, 7 de janeiro de 1895.)

Eis aí um fato, de expressão quase trágica, sobre o qual se acaba de exercer distintamente a consciência dos dois povos que a Mancha separa: um, na maneira de resolvê-lo; o outro, na de considerá-lo. Decompostas através dele, como dois feixes diferentes de luz coados pelo mesmo prisma, destacam-se em matizes característicos certas qualidades de ordem moral, predominantes no espírito e na história das duas grandes nações.

Tudo quanto ressumbra das causas que geraram a terrível sentença, resume-se na frase interrompida, em que Madame Démange, ao abrir da audiência, declarou que a acusação inteira assentava exclusivamente em um documento contestado. A esta revelação do advogado, o oficial presidente lhe cortou a palavra, votou-se o *huis-clos*, e a instância imergiu no mistério, cujo termo é a condenação do acusado a penas de irresgatável infâmia.

Não me cabe descrever a cerimônia atroz da degradação militar, prelúdio feroz da expiação sobrehumana, que se abriu ontem para o malfadado. Essa cruel solenidade horrorizou a Europa. Antes de se separar irremissivelmente da Pátria, amaldiçoado pelos seus conterrâneos, para ir agonizar, sob o indelével ferrete, em remoto presídio penal, esse infeliz passou pelos tratos do mais tremendo suplício conhecido na história das torturas morais. O formidável espetáculo fora preparado com todos os requintes da encenação regulamentar. Quando o condenado entrou no quadrângulo da Escola Militar, as insígnias, que ainda lhe sobressaíam na farda, já não figuravam ali senão por artifício convencional, como outros tantos estigmas no peito e na fronte daquele homem. O alfaiate substituíra de véspera as costuras por alinhavos; o cutileiro partira e ressoldara a espada, que no outro dia se devia quebrar publicamente diante das tropas. A lenta e implacável pragmática esgotou no flagelado o cálix das afrontas possíveis. Se entre elas não figura o esbofeteamento, dir-se-ia que não é senão para poupar à mão do executor o vilipêndio do contato com o rosto do réprobo. Desde o *képi* até as listas vermelhas das calças, um a um, lhe caíram aos pés, arrancados por um subalterno, os emblemas da dignidade militar. Ficaram-no envolvendo apenas os restos negros e rotos da farda, imagem do luto pela honra que acabava de despir. Nesse miserável extremo, ainda lhe coube a penitência de transpor as filas do quadrado; e, entregue então à polícia civil, submetido, como os criminosos comuns, à medição antropológica, passou das mãos dos seus camaradas às dos gendarmes, para acabar os dias em Nova Caledônia, entre a escória dos criminosos, onde a família irá respirar com ele o ar dos galés.

Qualquer que fosse o crime daquele desgraçado, a rebuscada e caprichosa desumanidade dessa punição revolta profundamente o sentimento contemporâneo. Aqui o efeito foi de indignação e espanto. A repugnância ao escândalo por pouco se não transmudou em misericórdia e simpatia pelo aflito, "A cerimônia da degradação", escreve o sr. de Blowitz em um dos seus telegramas ao *Times*, "apresenta hoje em dia um espetáculo de aspecto bárbaro, do qual nenhuma lição se pode colher. É deplorável que se não pudesse pronunciar a pena de morte".

A *Pall Mall Gazette*, uma das folhas inglesas que mais reserva guardaram no tocante ao processo Dreyfus, soltou esta tarde os diques ao seu *humour* e à sua severidade nestas palavras:

> Não há muito que a Europa metia à bulha o imperador da China pelo seu sistema obsoletamente bárbaro de punir arrancando botões ao acusado. Contudo, o contágio já se comunicou à França. Custa a perceber o proveito da repulsiva cena celebrada sábado na praça da Escola Militar. A degradação simbólica, nas leis militares, é uma relíquia da Média Idade, em que a investidura se operava também por um ritual solene. Compreendemos o clamor pela execução de espiões e traidores. Compreenderíamos, até, como recurso disciplinar, a eficácia e o valor de um aparato como esse, quando levado a efeito no campo de batalha. Mas, devemos confessá-lo, os pormenores da degradação, concebidos e postos por obra a sangue-frio, meses após a perpetração do alegado crime e semanas depois da sentença proferida contra o infeliz, deixam-nos a impressão de uma penalidade quase materialmente idêntica à tortura.

Dilacerante, como é, todavia, essa expiação no seu cortejo de circunstâncias terríveis, não conseguiu moderar, em França, o espasmo de ódio insaciável, que agita contra o acusado todas as classes da população. "Até agora", observa o correspondente do *Daily News*, "não se imaginava a comoção de Paris, quando, há um século, ao reboar o grito de perigo da Pátria, o rei e a rainha foram enviados ao cadafalso como cúmplices da invasão estrangeira". Mas as cerimônias da guilhotina nem sempre acabam entre bravos e palmas, como a execução do assassino de Carnot. Entre os espectadores do patíbulo há, muitas vezes, corações tocados de compaixão e olhos úmidos de lágrimas. Na turba que cercava de longe o suplício de Dreyfus, só havia lampejos e acentos de ira. Tão miseranda é a sua sorte que a polícia, ao que se diz, terá de adotar precauções, para lhe defender a vida contra a indignação patriótica dos calcetas. E, segundo o *Figaro*, quando o ex-oficial, saciado de opróbrio, ao passar pelos oficiais da reserva, renovou o seu protesto insistente de inocência, um deles cuspiu-lhe à face o epíteto de "Judas".

Este episódio [telegrafa o correspondente do *Times*] recorda-me o que se deu, no ano de 1871, em Bordeaux, quando a Assembleia ali trabalhava. O serviço de sentinelas fora confiado à Guarda Nacional, que aderira à República, e tinha em conta de reacionária a Assembleia. Uma vez, quando Thiers descia as escadas do teatro, onde ela funcionava, um guarda nacional gritou: *Vive la république!* Thiers, com o olhar chispeante, caminhou para o soldado, sacudiu-o pelo braço, e, com o agudo peculiar de sua voz, ainda mais timbrada pela paixão, lhe bradou ao ouvido: *On ne parle pas sous les armes.* Desconfio que ele teria dito o mesmo a este oficial da reserva, futuro guarda nacional.

Que faculdade sobre-humana deu àquele homem energia bastante, para sobreviver às emoções incomportáveis dessa provação? A não se tratar de um miserável, bronzeado na fronte, calejado no coração pela prática habitual dos vícios que emasculam o caráter, e saturam de impudor os mais baixos vilões, só duas forças seriam capazes de forrar uma alma contra a abjeção incomparável daquela queda, contra o desespero inaudito daquele destino: a insânia, ou a inocência. Ora, Dreyfus não tinha no seu passado uma nódoa, um traço duvidoso. Quinze anos de serviços imaculados e a alta posição de confiança, que ocupava no mais delicado ramo da administração da guerra, definem-lhe a fé de ofício. A superabundância dos seus recursos, a opulência de sua família, a simplicidade dos seus hábitos, a sua aversão ao jogo, a concentração exclusiva da sua vida particular nas afeições domésticas excluem a suspeita das seduções tenebrosas, que são frequentemente a explicação obscura dessas catástrofes da honra. De onde viria, pois, a tentação inexplicável, que instantaneamente prostituiu aquele ornamento da sua classe, aquela nobre esperança dos seus concidadãos?

Narram as testemunhas atentas do suplício que o executado não empalideceu nunca. Os passos não lhe vacilaram. Não lhe tremeu a voz. A cabeça esteve-lhe sempre erecta. Ao ver, de manhã, preparada a sua farda para a cerimônia, "Capitão", disse ele ao oficial presente, "estais sendo instrumento da maior injustiça deste século". Quando, ao empuxão do executor, o *képi* lhe desceu sobre os olhos a mão levantou-se-lhe como invocação de um inocente: "Por minha mulher e meus filhos", exclamou, "juro que sou inocente. Viva a França!" Aos apupos de um grupo de oficiais, "com admirável império sobre si mesmo", diz um jornalista, respondeu serenamente: "Feri, mas não insulteis. Eu sou inocente". E, ainda ao sair, no momento em que os gendarmes lhe punham algemas, teve forças, para dizer aos seus camaradas do 59 de Infantaria: "Crede-me, senhores, sou um mártir!"

A insistência desse protesto, com as circunstâncias que o distinguem, precedem, e circundam, não tem analogia na crônica das hipocrisias do crime. Sua repercussão no jornalismo inglês, alheio às alucinações locais, sóbrio, como se sabe, em pontos de sentimentalismo, mas inclinado à retidão própria dos costumes jurídicos deste país, foi vasta e profunda.

A *Pall Mall Gazette* enuncia-se assim:

> Segundo todas as informações, o capitão Dreyfus sofreu a provação mais dilaceradora, a que se podia expor um homem, de cuja sensibilidade moral ainda restasse alguma coisa, com um estoicismo antes conciliável com o sentimento da inocência do que com a consciência do crime.

E, depois de considerar nas antecedências honrosas do condenado, conclui: "A ser assim, Dreyfus será um inocente, ou um louco."

O *Daily Graphic*, que ainda se não pronunciara a favor dele, remata hoje com estas ponderações:

> As dúvidas existentes e francamente exprimidas fora da França na questão da criminalidade ou inocência de Dreyfus não sofrerão quebra, por certo, em presença da singular fortaleza com que o condenado padeceu o medonho castigo. A sua firme protestação de inculpabilidade tende naturalmente a suscitar a crença de algum erro cometido contra ele.

Mas entre franceses não é lícito sequer pôr em dúvida o crime de Dreyfus: "Quem quer que deixasse transparecer, a esse respeito, a menor incerteza, ou denotasse o mais leve sentimento de comiseração, seria encarado com o mesmo horror e o mesmo ódio que o próprio traidor." Pleno arbítrio de negar a Deus, aluir a propriedade, santificar a comuna, divinizar Marat; mas obrigação estrita e universal de teimar e bater pé em como Dreyfus é o mais desprezível dos malfeitores. "Nisto se afincou o público desde o primeiro dia", escreve um correspondente inglês. "Criminoso de quê, esse criminoso? Ninguém o sabia: e, até hoje, ninguém, dentre o público, o sabe. Todavia, a existência da traição passou em julgado como fato indisputável."

Onde o corpo de delito? Onde a identificação entre o seu autor e o acusado? Ninguém seria capaz de mostrá-lo. Ninguém viu o processo. Ninguém tem notícia de documentos, ou depoimentos. Fala-se em um papel, cuja letra se atribui ao condenado. Mas o que a esse propósito se conhece, por indiscrições publicadas no *Figaro*, é que, de cinco peritos ouvidos sobre o caráter da letra nesse escrito anônimo, se três reconhecem a de Dreyfus, dois sustentam o contrário.

Essa multidão espumante, que cercava, ameaçadora, a Escola Militar, bramindo insultos, assuadas e vozes de morte, — que mais era, portanto, afinal, do que uma força violenta e cega, como os movimentos inconscientes da natureza física? Pela minha parte, não conheço excessos mais odiosos do que essas orgias públicas da massa irresponsável. Nada seria menos estimável, neste mundo, que a democracia, se a democracia fosse isto. Esses escândalos representam o pior desserviço à dignidade do povo, e constituem o mais especioso argumento contra a sua autoridade.

Não é sob tais formas que ele se há de mostrar digno da soberania, cujo cetro as tendências da nossa época lhe reconhecem. Se o número não souber dar razão dos seus atos, se as maiorias não se legitimarem pela inteligência e pela justiça, o Governo popular não será menos aviltante que o dos autocratas. Nem a invocação da Pátria imprime a tais desvios fisionomia menos antipática. Mal honram a Pátria as contorsões de um patriotismo histérico, que vive a se superexcitar com a obsessão de traições, que julga de oitiva, fulmina por palpites, e instiga os magistrados a prevaricar, antepondo a popularidade à justiça.

Aqui, onde não chega o revérbero ardente do braseiro francês, ninguém compreende o encarniçamento da imprensa daquele país sobre o cadáver moral de Dreyfus. O Governo excluiu da cerimônia os jornalistas estrangeiros, sob uma razão de decência. O pudor da França queria encerrar no círculo doméstico o aparato da ignomínia de um homem, que vestia o glorioso uniforme do Exército francês. Entretanto, no dia imediato à execução, parecia ter-se posto a prêmio entre os jornais, como tema de concurso literário, a descrição do espetáculo, sobre cuja humilhante crueldade se tinha querido baixar o véu da vergonha, o mesmo véu, que, ao menos por coerência, diz o *Standard*, devia ter coberto a execução de uma sentença, cuja gestação se incubou às ocultas.

Não contentes, os diretores morais da opinião, naquela grande metrópole de tantas cruzadas humanitárias e liberais, encetaram uma campanha, a que se diz vai ceder o Governo, para se aditar aos sítios de degredo a Guiana Francesa, que oferece aos irritados pela benignidade da condenação de Dreyfus a segurança de uma polícia mais eficaz e um clima ainda mais funesto ao homem do que o da Nova Caledônia. Custa a compreender que interesse nacional possa haver, deveras, para a França em acumular sofrimentos sobre os restos de vida sobrenadantes àquele naufrágio. Nessa extrema descaridade, parece haver alguma coisa da mutilação após o sacrifício, que, em certos estados, bárbaros, assinalava os costumes penais, e revelar-se a *bête humaine*, acordando inesperadamente no homem civilizado. Pois em verdade ainda haveria agonias que espremer daquela agonia? Para a lição moral, assim como para o efeito expiatório, a medida ainda teria muito que encher?

Como quer que seja, votar uma lei, para agravar a miséria de um condenado, seria singular novidade na história penal destes tempos. Nessa medida, adotada especial, senão expressamente, para sobrecarregar as consequências de uma sentença já proferida, ferindo um homem já esmagado, há uma intenção de vindita individual, um caráter de rancor, um elemento retroativo, que as noções de direito cristão não tolerariam. Não importa que seja apenas trocar degredo por degredo. Se a nova localidade se elege, por ser mais áspera, mais inóspita, menos habitável do que as contempladas na lei sob que se proferiu o julgado, a alteração projetada seria, em substância, uma verdadeira revisão de sentenças por ato legislativo, isto é, um mal dissimulado exemplo dessa retroatividade penal, que todas as legislações contemporâneas estigmatizam.

Se os oficiais que compunham o Conselho de Guerra dispusessem, na hipótese, da pena de morte, certamente, a meu ver, não hesitariam em pronunciá-la. Essa decisão, mais clemente e mais heroica a um tempo, encerraria, ainda, para a classe a que pertencia o degradado, a vantagem de poupar-lhe, com a eliminação imediata dessa existência aviltada, o reflexo inevitável de vergonha destingido sobre os seus antigos companheiros de armas. Só um obstáculo insuperável na letra da lei poderia deter a mão aos juízes fardados, em cujo espírito a indignação e a piedade, de mãos dadas, deviam pleitear pela pena capital.

O tribunal recuou, com efeito, ante disposições legislativas na sua opinião inelutáveis. O art. 76 do Código Penal consignava a morte como a pena reservada aos crimes da natureza do imputado a Dreyfus. Mas a Constituição de 1848 aboliu a pena de morte nos delitos políticos, entre os quais se incluía a traição militar, e a lei de 8 de junho de 1850 fixou, para esses casos, o degredo com prisão perpétua numa fortaleza, acrescentando que as pessoas incursas nessa cominação desfrutariam a liberdade compatível com a segurança necessária à custódia dos condenados.

Não me cabe apreciar o acerto, ou desacerto, do direito francês neste ponto. Computando a traição militar entre os delitos políticos, ele obedeceu à lógica de uma filantropia, cuja influência se assinalou no Brasil republicano por um espécimen curioso, na extinção absoluta da pena de morte por estatuto constitucional, com reserva apenas das disposições militares em tempo de guerra. Todos aliás conhecem o valor dessa barreira moral em certos países. Na França, porém, os juízes de Dreyfus, apesar de homens de espada, a consideraram inviolável. Se houvessem de pronunciar-se como legisladores, o seu voto seria provavelmente diverso. Aquele que tachar de excessiva a pena de fuzil, para o crime de que se acusa Dreyfus, não poderia admiti-la para outro. Se há delito equiparável ao parricídio, é esse, felizmente não menos raro do que o seu congênere. O oficial que entregou ao inimigo os planos de defesa da Pátria, emparelha com o que vende ao inimigo a vida dos seus camaradas. O opróbrio dessa inconfidência suprema equivale ao da traição no campo. Um soldado, um cidadão não pode perpetrar atentado mais negro. Não há militar, não haveria talvez estadista, que não lhe cominasse resolutamente a última pena.

Uma coisa, porém, é fazer a lei; outra, executá-la. E os julgadores de Dreyfus, unânimes em condená-lo, acordaram com a mesma unanimidade no respeito ao seu papel de aplicadores da vontade escrita do legislador.

Na dignidade com que desempenharam essa grave magistratura, no Império, que, a bem dela, exerceram sobre os seus próprios sentimentos e as paixões dos seus compatriotas, aqueles sete oficiais deram à opinião versátil e irritadiça do país um exemplo virtuoso. A França, porém, não se satisfez com a sentença. No sentir, porque assim digamos, unânime de Paris, Dreyfus devia ter sido condenado à morte. Essa foi a voz das ruas, a da imprensa e a da tribuna. Os radicais trovejaram tempestades contra o Governo e a situação social. O Parlamento incendiou-se em uma cena de escândalo. O próprio elemento moderado teve que render o seu preito à força da corrente, propondo às Câmaras, por órgão do Governo, a cominação da pena extrema à espionagem em tempo de paz; como se a precipitação remediasse o caso julgado, ou se as reformas semeadas pelos furacões políticos na região do direito penal pudessem lançar raízes na consciência dos povos, e levantar-lhes a moralidade.

O "povo soberano", os partidos e governos, entre as nações sem disciplina jurídica, estão sempre inclinados a reagir contra as instituições que se não dobram aos impulsos das maiorias e às exigências das ditaduras. A lei foi instituída exatamente para resistir a esses dois perigos, com um ponto de estabilidade superior aos caprichos e às flutuações da onda humana. Os magistrados foram postos especialmente para assegurar à lei um domínio tanto mais estrito, quanto mais extraordinárias forem as situações, mais formidáveis a soma de interesses e a força do poder alistados contra ela. Mas há nações, que a não toleram senão como instrumento "dos tempos ordinários"; e, se encontram nela obstáculo às suas preocupações, ou às suas fraquezas, vão buscar a salvação pública nos sofismas da conveniência mais flexível, a cuja sombra os impulsos instintivos da multidão, ou as aventuras irresponsáveis da autoridade se legitimam sempre em nome da necessidade, da moral, ou do patriotismo.

Não há mais odiosa iniquidade, alegam, do que passar pelas armas o conscrito, cuja mão, sob o frenesi de um desvario momentâneo, se levantou contra o seu superior, e poupar a vida ao oficial, que refletida e interessadamente, "atraiçoa a sua Pátria, isto é, alia-se, contra ela, ao estrangeiro". Assim discorre a dialética, e assim raciocina o francês. Porque o francês não adverte em que a lei é a lei com todas as suas insuficiências, todas as suas desigualdades, todos os seus ilogismos, e em que a observância dela é o caminho para a sua reforma, único remédio real aos seus defeitos, menos funestos, em todo caso, do que o arbítrio da razão humana, encarnada no número, no poder ou na força.

Certo, responde o inglês, no seu ponto de vista, que acabo de antecipar; certo o crime de Dreyfus, é tamanho, quanto o do pobre soldado, senão maior, muito maior: "Mas" (e aqui deixo falar um dos mais altos inspiradores da opinião do Reino Unido),

> o caso é que a lei fixa a morte como a cominação adequada, numa espécie, não na outra; "e os exércitos não se mantêm senão pela mais rígida aderência a leis inflexíveis". Se o capitão Dreyfus fosse fuzilado, nenhum oficial mais nunca se sentiria em segurança; porque, de futuro, qualquer outra lei, que tocasse a oficiais, poderia ser conculcada por uma explosão do sentimento público. Assim, por exemplo, a que legitimasse a repressão militar de movimentos sediciosos. Se a lei favorece em demasia os traidores, é modificarem a lei. A Câmara francesa trata agora de converter em delito de pena capital a traição, ainda quando inspirada por motivos políticos. Pela nossa parte, não temos que objetar. Fuzilar, porém, o capitão Dreyfus, em virtude de uma disposição retroativa, seria extinguir esse sentimento de confiança na seriedade da lei, "tão essencial à disciplina quanto a própria severidade".

Estas palavras são do *Spectator*, que representa, na Inglaterra, a mais fina flor da cultura jornalística e, ao mesmo tempo, o equilíbrio mais exato entre as opiniões moderadas.

A tendência, não sei se diga francesa, se latina, a condenar por impressões, a antecipar as sentenças, a se substituir aos juízes, e a ditar arestos aos tribunais tomou, neste ominoso episódio, feições dignas de estudo no seu contraste com o sentir de aquém-Mancha.

Dias antes do julgamento, o correspondente do *Daily News* tinha com certo advogado francês um diálogo, que mereceu reprodução integral em telegrama a essa folha, uma das mais influentes na política do país. - "A opinião, hoje, nos tribunais", dizia o jurista, "é que Dreyfus, infelizmente, sairá absolvido." — "Por que *infelizmente*?" — "Porque é deplorável que esse canalha, desonra da França, não sofra o que merece". — "Mas, supondo que o Conselho de Guerra o absolva, não acreditais na honestidade dos *juízes*?" — "Os juízes farão o seu dever; mas, se absolverem, é porque não terão encontrado provas contra Dreyfus." — "Isso é claro", acudiu o jornalista. — "Mas o que eu quero dizer", retrucou o advogado, "é que, se não se acharem provas, será porque as autoridades as terão sonegado." — "Suponde, porém, a inocência de Dreyfus" — "Se ele fosse inocente, acreditais que haveria da parte de potências estrangeiras (da Alemanha e da Inglaterra) todo esse afã por exculpá-lo?" — "Mas deveras andam potências estrangeiras tão empenhadas na soltura de Dreyfus?" — "Ora, muito inocente sois em me fazer tal pergunta." — "Mas demos que assim seja: não é culpa de Dreyfus." — "Talvez não; mas o fato demonstra o seu crime."

E era um homem do foro, versado no hábito de lidar com as delicadas questões da prova judiciária, quem, de olhos fechados, fulminava essa condenação absoluta, num caso cuja prova, até hoje, não se conhece, e a cujo respeito ninguém, fora do círculo dos membros do tribunal condenador, pode afirmar sequer a existência de provas, dignas de tal nome.

O que nos deixa calcular ainda melhor a temeridade das prevenções, que agitam, neste assunto, a fibra doentia do patriotismo francês, é a mancomunação, em que se sonhou figurarem várias potências europeias como co-interessadas no escape de Dreyfus. À Alemanha coube naturalmente o primeiro quinhão na suspeita, que obrigou a embaixada do Império em Paris a sair à imprensa, protestando pela sua inocência na culpa do acusado. As folhas inglesas deram-se os parabéns de que o vizinho deste lado da Mancha não fosse escolhido, para substituir, na posição de *scapegoat*, de bode expiatório, o inimigo de além-Reno. Não há dois meses que o *Figaro*, com a perspicácia de *vieux malin* que se lhe conhece, dava ao mundo a estupenda nova de que os *sportsmen* ingleses de primeira classe, os *blasés* das emoções da caça ao tigre, se tinham organizado em excursão venatória a Madagáscar, com o intento de aproveitarem a expedição francesa contra os Hovas, para se exercitar no *Tir aux Français*. "Esse esporte de novo gênero, sem precedentes nos anais do mundo civilizado e, até, do mundo bárbaro, não é de todo novo" (acrescentava seriamente a folha parisiense) "para os nossos amáveis vizinhos da outra banda do canal. Ao que parece, já se entregaram a esse passatempo contra os nossos soldados dispersos em Tonkin e no Dahomey." E, no país mais morbidamente sensível ao ridículo, essa ridícula monstruosidade percorreu circunspectamente, como rebate dado ao sentimento nacional, toda a imprensa francesa, produzindo nos ânimos superexcitação tal, que o Governo teve que descer à necessidade de desmentir a grotesca atoarda. Ainda mais recentemente, não há duas semanas, creio eu, outro jornal francês contava, com o mesmo aprumo, a história do suborno recebido pelo senhor Clemenceau do Tesoiro britânico, para advogar os interesses da Inglaterra no Parlamento e na imprensa. O deputado francês viera em pessoa a Londres, para embolsar ele mesmo a propina, que lorde Roseberry, o *premier* inglês, se dignou de ir entregar-lhe no Reform Club, em Pall Mall. O *Daily News*, esfrega as mãos de que a Inglaterra evitasse o estigma no caso Dreyfus. Essa fortuna, diz ele, vem provavelmente de estar já transbordando a taça da nossa infâmia com a transação entre lorde Roseberry e o sr. Clemenceau.

Não pode haver absurdo, já se vê, por descomunal e risível, que não encontre monção favorável na credulidade daquele país, quando a corda patriótica estremece em um desses períodos de vibração tão comuns ali desde 1870. Estranho fenômeno o da rapidez e intensidade, com que, em uma nação de gênio tão lúcido, e qualidades tão fortes, esses desvarios emergem à tona da opinião agitada, assumindo às vezes a aparência das grandes vagas de tempestade.

Considerando nisto, o observador estrangeiro dificilmente poderá furtar-se a uma impressão de dúvida em face do caso Dreyfus. Esse homem estava condenado pela intuição geral dos seus compatriotas, antes de sê-lo pelo tribunal secreto, que o julgou. Mas essa intuição ofereceria mais visos de solidez do que a que andou buscando entre as potências rivais da França outros tantos padrinhos e co-réus do acusado?

A *St. James Gazette*, em um editorial sob o título de *"Traitor or victim?"*, não vacilou em sugerir como perfeitamente possível a hipótese de uma injustiça na condenação de Dreyfus.

> Não é mister [diz ela] duvidar, um momento sequer, da honorabilidade dos oficiais, que constituíram o tribunal. De boa mente, e sem a mínima reserva mental, os damos por tão honestos, quanto os oficiais ingleses que funcionaram nos conselhos de guerra, a que foram submetidos os tripulantes e capitães do *Anson* e do *Victoria*. Mais não poderia dizer um inglês. E, todavia, não há quem, lendo as atas do processo nesses dois feitos, não concebesse as mais sérias desconfianças acerca da capacidade dos tribunais marciais como mecanismo fidedigno para a apuração da verdade. Um oficial e um *gentleman* não são necessariamente bons aquilatadores em questões de prova. E as circunstâncias, em que se reuniu o Conselho de Guerra francês, não favorecem a hipótese de que estivesse em condições de deliberar com toda a imparcialidade precisa.

Semanas antes do julgamento o ministro da Guerra qualificara de indubitável a culpabilidade do acusado. O general Mercier, na opinião dos seus próprios conterrâneos, não prima pela discrição; e "não seria absurdo supor que outros, além dele, no Exército francês, tivessem formado juízo antes do processo". A arguição pertence, por sua natureza, ao número das que mais tendem a suscitar prevenções imediatas contra o acusado. Essas prevenções surgiriam naturalmente, ainda quando se não tivesse produzido a exaltação pública ateada pela declaração prematura do ministro da Guerra. Nada perturba mais profundamente a serenidade aos homens públicos, em França, do que o receio de incorrerem na tacha de tibieza patriótica. A influência exercida por esse temor era singularmente agravada, na espécie, pela presunção de ameaça à "defesa nacional". Quando a cólera francesa se acende ao grito irreflexivo *Nous sommes trahis*, o incêndio lavra por todas as classes, poucos o evitam, e raros ousarão arrostá-lo. Os militares são, de mais a mais, especialmente susceptíveis neste particular. A imagem da Alemanha projetava sobre a questão o crepúsculo sinistro dos seus malefícios. O dever de hostilidade à velha inimiga acentuava-se em uma dessas nevroses, de que a mania da espionagem, tão comentada e já proverbial na imprensa inglesa, é outro sintoma peculiar. Dificilmente se conceberia, ainda em tribunais civis, o vigor de ânimo preciso, para julgar com calma, em França, a causa de um francês suspeito de pactuar com alemães. Que não será, nos tribunais militares, em pleito de antemão sentenciado pela "opinião pública", e tratando-se, por cúmulo, de um acusado, em cujas veias circula sangue judaico?

O certo é que, valham o que valerem estas e outras interrogações, formuladas na imprensa inglesa, a cotação moral da sentença fulminatória contra Dreyfus ficará dependente sempre da confiança implícita, que os membros do Conselho de Guerra e a unanimidade de seu *veredictum* inspirarem, mais ou menos imperfeitamente, a cada espírito. Sete oficiais superiores não podiam conchavar-se no crime de condenar um camarada inocente. A prova, que satisfez com igual plenitude aquelas sete consciências, devemos supor que satisfaria absolutamente a outras quaisquer, por mais provectas, exigentes e severas na liquidação da verdade judiciária. Mas, se o crédito pessoal dos juízes e a confiança na sua capacidade profissional bastassem, para dispensar a garantia suprema da justiça, a publicidade, o argumento procederia com a mesma força em relação a todos os tribunais civis e militares, aos quais todos assiste a presunção de honra e competência; e, conseguintemente, o sigilo, a tradição medieva e bárbara, devia restabelecer-se como regra geral do processo. Rejeitar a conclusão, rigorosamente lógica, é confessar o vício da premissa. A clandestinidade do processo inquina de suspeita as decisões mais justas. Os tribunais mais ilustres dependem, para a sua respeitabilidade moral, da luz, que derramam sobre o espírito público, do esclarecido assentimento, que neste conquistam.

Mas o segredo, no processo Dreyfus, é, talvez, consequência da sua origem. Segundo as notícias correntes na imprensa europeia, dentro e fora da França, todo o edifício da acusação assentava em um documento subtraído a uma legação estrangeira. Divulgá-lo seria arriscar, a um tempo, a segurança do país e a honorabilidade da acusação. Confessar a subtração era colocar-se mal, para vindicar a honra da Nação, e dar ao Exército, na condenação do acusado, uma lição de honra. Resta saber se a contradição moral envolvida nesse proceder não é antes uma homenagem às paixões intolerantes do que um serviço à justiça pacificadora.

Como quer que seja, na Inglaterra a forma inquisitória dada em França a esse julgamento seria hoje impossível. O *Times*, a tradição viva deste país, exprimiu o sentimento inglês sobre o assunto num artigo memorável. Não sei resistir ao prazer de transcrever-lhe os trechos capitais. Fá-lo-ei, porque, além de tudo, nenhum país necessita mais de lições como esta do que o Brasil destes dias.

Quando entramos a considerar nas circunstâncias do processo [diz ele], não podemos acabar conosco ocultar o nosso espanto, ao vermos o modo positivo como, em Paris, vulgo e imprensa dão por incontroversa a criminalidade do acusado. Asseveram-nos que a opinião pública e os periódicos aprovam unanimemente o *veredictum* do Conselho de Guerra. Mas o processo correu a portas fechadas, e o público parisiense, portanto, absolutamente não pode ter fundado a sua aquiescência no conhecimento dos fatos, em que assentou a condenação. Ao instaurar-se o processo, a semana passada, o acusador por parte do Governo reclamou que a investigação se fizesse em segredo. A regra geral em vigor nos tribunais militares, em França, fulmina de nulidade os processos, que se não celebrarem publicamente; mas reserva aos juízes o arbítrio de estabelecer o sigilo, nos casos em que a publicidade lhes pareça envolver risco para a moral ou para a ordem. Assim se resolveu na espécie do capitão Dreyfus. O seu advogado, Madame Démange, lavrou protesto, e tentou arguir o ponto. Mas cortaram-lhe peremptoriamente a palavra. Qual seja o documento, a que ele aludiu como o único esteio da acusação, e porque reputaram necessário ocultar-lhe o caráter e a origem, questões são estas, que a resolução do tribunal deixou à mercê das conjeturas públicas. É voz que o documento, ou os documentos, subtraídos pelo Capitão Dreyfus, tinham sido comunicados por ele à embaixada alemã, e que desta se retiraram por outro ardil do mesmo gênero. Mas apesar de terem sido secretos os trabalhos do Conselho de Guerra, foram dados a lume os nomes das testemunhas, e deste modo se sabe que nem de uma nem da outra parte se citou a juízo ninguém da embaixada alemã, ou de outra qualquer legação estrangeira.

Não queremos censurar o melindre do povo francês a propósito de infrações que envolvem, não só a segurança de uma grande potência militar, senão também a santidade de deveres particularmente imperiosos para o soldado. Contudo, não podemos deixar de refletir que, quanto mais odioso e impopular for um crime, tanto mais de preceito é que a sua verificação e o seu castigo se rodeiem de todas as salvaguardas da justiça pública. "E delas a mais indispensável é a publicidade."

Na Inglaterra, seria impossível admitir a uma agregação de oficiais, fossem quais fossem, o direito de julgar a portas cerradas uma querela susceptível de resolver-se em penas infamantes, mais aniquiladoras, por assim dizer, para um homem de honra, do que a própria morte.

Em verdade, a prevalecer o aresto desentranhado agora dos piores dias da revolução e do absolutismo napoleônico, não há motivo, para não se deliberarem nas mesmas condições, a portas fechadas, sentenças capitais, sob o pretexto, cujo árbitro absoluto ficaria sendo o próprio tribunal, de que a ordem periclitaria com a publicidade.

Pode haver, bem se compreende, importantes documentos militares, tais quais os que se dizem desviados pelo Capitão Dreyfus, cuja natureza dite às autoridades prepostas ao serviço da guerra a conveniência de obstar-lhes à ventilação pública do conteúdo. Mas nada mais fácil a qualquer tribunal do que discutir a identidade desses documentos, e tratar a questão do seu extravio criminoso, ou da sua apreensão ilegítima, sem consentir, entretanto, em que a sua matéria transpire. Do que se praticou no processo Dreyfus, a parte censurável não está em se encobrir ao público o teor dos papéis, que se averbam de furtados, senão sim em condenar o réu, sem a comprovação, em tribunal aberto e mediante depoimentos solenes, "de que o acusado foi realmente o autor do furto."

Os membros do Conselho de Guerra eram, não há dúvida, homens de bem, cujo empenho se cifrava em fazer justiça. Mas, por outro lado, não podemos esquecer que o caráter da imputação, de que se fazia carga ao Capitão Dreyfus, devia, pela sua índole, predispor contra ele o espírito do

Exército, bem como o do povo, e que o único amparo contra essa influência havia de estar na publicidade assegurada aos argumentos da defesa e à inquirição das testemunhas. Além de que é para temer que a propaganda anti-semítica, acesa em França, avivasse a hostilidade contra o Capitão Dreyfus, membro de uma família hebreia bem conhecida, e a favor de quem um homônimo, o Grande Rabino de França, foi nomeado testemunha. A presunção é, certamente, que a sentença do conselho de guerra obedeceu à prova confidenciada exclusivamente a esse tribunal. Mas as condições do sigilo infelizmente imposto ao processo geram dúvidas, que, no caso de arguição tão grave, associada a penas severas e oprobriosas, não deviam ficar indecisas. Se importa ao povo francês guardar os segredos da administração da guerra, "infinitamente mais importante é, para ele, preservar, nas suas instituições, a justiça pública da suspeita sequer de iniquidade ou subserviência às correntes da paixão popular."

Esse hábito de colocar os direitos permanentes da justiça em altura inacessível às conveniências do Governo, às crises da política, ao clamor das tormentas populares, é a virtude cardeal da Inglaterra. Todas as opiniões e todos os partidos, aqui, estão unificados no sentimento inerradicável desta necessidade.

Essa unanimidade, perpetuada através de todas as situações, nos dias prósperos e nos dias calamitosos, infundiu ao indivíduo uma confiança absoluta na ordem social, e apoiou solidamente nessa confiança o interesse comum; de modo que o povo mais individualista da terra é, ao mesmo tempo, aquele onde mais desenvolvida se acha a consciência ativa da solidariedade humana e da coesão nacional. Graças a essa estabilidade e a essa soberania do princípio jurídico, dominando todas as esferas da vida coletiva como a lei a que todas as outras leis se subordinam, é que a Inglaterra descreve, entre as outras nações, essa longa órbita de paz, cuja curva majestosa ainda está por medir.

Outros povos, muito menos confiantes na Justiça, têm nela apenas um frágil teto de vime artístico para os dias tranquilos e azuis, devassado, roto e lançado ao chão pela primeira borrasca que desce do céu. Esses, quando os ventos maus lhes toldam o horizonte, dão-se pressa em abandonar as garantias do Direito, como os primeiros esteios ameaçados, para ir pedir ao empirismo dos políticos sem convicções, ou à estrela dos déspotas sem escrúpulos a panaceia miraculosa, ou o signo salvador. E então os mais desacreditados instrumentos da arte de oprimir, os golpes de autoridade, os tribunais de exceção, as justiças secretas se preconizam em novidades salutares, e dominam sem freio, ora em nome das leis, sofismadas mais ou menos capciosamente sob color do bem público, ora em nome do bem público, declaradamente sobreposto às leis. Essas nações, fadadas ao cativeiro alternativo da anarquia e da ditadura, cuidam fugir da desordem, evocando o arbítrio, e não fazem mais do que oscilar periodicamente entre a agitação demagógica e a inércia servil. É para elas que se imortalizou a frase de Sieyès: "Não sabem ser justos, e querem ser livres!"

Afortunada condição, a todos os respeitos insular no meio do mundo contemporâneo, a deste país! As suas antigas liberdades, as mais veneráveis da terra, desafiam intempéries e perigos, abrigadas à toga dos seus juízes, como as crenças austeras do seu culto sob o mármore das suas velhas catedrais.

"Com que palavras poderemos deplorar assaz o

infortúnio de viver sob um governo como o nosso?" dizia, sob Luís XVI, uma amiga de Turgot. "Fraca e desditosa criatura como sou, eu preferiria, contudo, a sorte do mais insignificante membro da nação inglesa à de soberano da Prússia." Quantas vezes, aqui, o forasteiro experimentado nas misérias da impostura das formas liberais nos nossos tempos, sob as democracias mais pretensiosas, não será levado a fazer, em relação a elas, com a "República do Reino Unido", o mesmo confronto, que Mlle. de L'Espinasse, nos fins do século XVIII, em relação à monarquia francesa, e volver os olhos, com a mesma inveja, para este torrão tranquilo, onde amadurecem, na paz e na liberdade, para uma raça privilegiada, os frutos doirados da justiça!

1894

20-25/set O Serviço de Informações do Exército (a "seção de estatística"), dirigido pelo coronel Sandherr, intercepta uma carta — o "documento" (*bordereau*), como ficará conhecida —, dirigida ao Schwartzkoppen, adido militar alemão a serviço em Paris. A pedido do general Mercier, ministro da Guerra, é aberta uma investigação nos gabinetes do Estado-Maior.

6/out As suspeitas se voltam para o capitão Alfred Dreyfus, oficial estagiário do Estado-Maior.

9/out O documento é submetido ao perito Gobert para análise.

13/out Gobert apresenta um relatório dúbio. Uma nova perícia é solicitada a Bertillon. Este, após a perícia, conclui a culpabilidade de Dreyfus.

15/out Convocado pelo Ministério da Guerra, Alfred Dreyfus é preso, após um rápido interrogatório, pelo comandante Du Paty de Clam, encarregado do inquérito. Dreyfus é encarcerado na prisão do Cherche-Midi.

18/out Início dos interrogatórios de Dreyfus por Du Paty.

23/out Relatório oficial de Bertillon, encaminhado ao chefe de polícia Lépine.

29/out Os peritos Charavay e Teysonnières ratificam a análise de Bertillon.

31/out Du Paty encaminha ao Ministério de Guerra o relatório do inquérito, do qual ele é o encarregado: não emite nenhuma conclusão precisa.

1/nov O jornal antissemita *La Libre Parole* menciona pela primeira vez o nome de Alfred Dreyfus.

3/nov O general Saussier ordena a abertura da instrução judicial, confiada ao comandante d'Ormescheville.

19/dez Início do processo de Alfred Dreyfus perante o Conselho de Guerra, na prisão do Cherche-Midi. O acusado é defendido por madame Démange. O julgamento ocorre em audiência privada.

20/dez Na segunda audiência do processo, o comandante Henry, representando o Serviço de Informações, declara sua convicção da culpabilidade de Dreyfus.

22/dez Por unanimidade, os juízes do Conselho de Guerra condenam Dreyfus à deportação e à prisão perpétua em uma fortaleza. De maneira ilegal, tomaram conhecimento, antes de suas deliberações, de um "dossiê secreto" enviado pelo general Mercier e cujo conteúdo incrimina o acusado.

1895

5/jan Degradação pública do capitão Alfred Dreyfus no pátio da Escola Militar. Os jornais vespertinos mencionam uma suposta confissão do condenado ao capitão Lebrun-Renaud.

17/jan Félix Faure é eleito presidente da república. À noite, partida de Dreyfus para o local de detenção.

7/fev Mathieu Dreyfus, irmão do condenado, encontra Scheurer-Kestner, vice-presidente do Senado (e como ele, de origem alsaciana). Pede sua ajuda, sem êxito.

12/mar O navio que transporta Alfred Dreyfus chega a Guiana.

13/abril O condenado é transferido para a Ilha do Diabo.

1/jul O comandante Picquart é nomeado chefe do Serviço de Informações, substituindo o coronel Sandherr, doente.

1896

1-2/mar O Serviço de Informações entra em posse de um telegrama (conhecido depois como "*petit-bleu*") escrito por Schwartzkoppen e endereçado ao comandante Esterhazy. Picquart decide abrir inquérito sobre Esterhazy. Ele é imediatamente persuadido de que este último é o verdadeiro autor do "documento".

5/out Picquart comunica ao general de Boisdeffre suas suspeitas sobre Esterhazy. O chefe do Estado-Maior recomenda-lhe prudência.

3/set Picquart presta contas ao general Gonse (vice-chefe do Estado-Maior) do resultado do inquérito sobre Esterhazy.

14/set Um artigo publicado no *L'Éclair*, com a pretensão de apresentar uma "prova irrefutável" da culpabilidade de Dreyfus, faz alusão pela primeira vez à apresentação de um documento secreto aos juízes do Conselho de Guerra.

16/set Lucie Dreyfus dirige-se à Câmara para solicitar a revisão do processo de seu marido.

27/out Os superiores de Picquart decidem afastá-lo de Paris, e assinam uma ordem de missão enviando-o para inspecionar a fronteira Leste (Alsácia-Lorena).

31/out Henry redige, ou manda redigir, um documento que incrimina diretamente Dreyfus (uma correspondência que teria sido trocada entre Panizzardi e Schwartzkoppen, os adidos militares italiano e alemão): é o documento que será conhecido mais tarde como "*faux Henry*", ("falso Henry").

6/nov Bernard-Lazare publica em Bruxelas seu primeiro livreto sobre o caso, intitulado: *Um erro judicial. A verdade sobre o caso Dreyfus*. Nas semanas seguintes, ele se esforça para convencer várias personalidades do mundo das letras ou da política, dentre os quais Zola. Suas diligências não dão resultado.

10/nov *Le Matin* publica um fac-símile do documento.

16/nov Picquart (que teve de abandonar a chefia do Serviço de Informações) deixa Paris para realizar sua missão no Leste (Alsácia-Lorena). Publicação em Paris (pela Stock) da segunda edição do livreto de Bernard-Lazare.

26/dez Gonse escreve a Picquart informando que sua missão será estendida e que ele deve partir para a Tunísia.

1897

6/jan Gonse escreve a Picquart destinando-o “provisoriamente” ao 4º Regimento de artilheiros argelinos (situado em Sousse, na Tunísia.)

19/jan Chegada de Picquart a Tunísia.

29/jun De licença, em Paris, Picquart confia ao advogado Leblois, em sigilo, tudo aquilo que descobriu; temendo que lhe preparem alguma maquinação, confere a seu advogado um “mandato geral de defesa”.

13/jul Leblois conta o que sabe a Scheurer-Kestner. Este, ainda que comprometido com a confidencialidade, decide lançar uma campanha para a reabilitação de Dreyfus.

17/ago Esterhazy recebe licença por “enfermidade temporária”.

15/out O general Billot, ministro da Guerra, ordena o prolongamento da missão de Picquart até a fronteira tripolitana, onde alguns distúrbios foram apontados.

16/out Em uma reunião no Ministério da Guerra, da qual participam Gonse, Henry e Du Paty, decide-se informar Esterhazy das acusações que ele terá de responder.

17/out Esterhazy recebe uma carta anônima prevenindo-o disso (assinada “Espérance”).

19/out Publicação do primeiro número do *L’Aurore*, diário fundado por Ernest Vaughan. Georges Clemenceau, Urbain Gohier, Bernard-Lazare fazem parte do corpo editorial.

23/out	Encontro secreto no parque de Montsouris entre Esterhazy e os emissários do Ministério (Du Paty de Clam, Henry e Gribelin).
27/out	Segundo encontro secreto, perto da ponte Alexander III: encontro de Esterhazy com a "mulher com o rosto velado".
29/out	Scheurer-Kestner é recebido por Félix Faure no Eliseu.
30/out	Scheurer-Kestner tem uma longa conversa com Billot (amigo seu de longa data): este lhe promete abrir inquérito, mas pede um prazo de 15 dias.
3/nov	Scheurer-Kestner vai a casa de Méline, presidente do Conselho.
5/nov	Gabriel Monod afirma no *Le Temps* (datado do dia 6) que Dreyfus é vítima de um erro judicial.
6/nov	Um ano após sua primeira tentativa, Bernard-Lazare faz outra visita a Zola. Está prestes a publicar seu segundo memorando *Um erro judicial. O caso Dreyfus* (Stock).
8-10/nov	Sucessivas visitas de Louis Leblois, acabam expondo os documentos do caso Dreyfus.
10/nov	Dois telegramas misteriosos (assinados "Spéranza" e "Blanche") são enviados a Picquart, trazendo à baila a sua responsabilidade no caso.
11/nov	Mathieu Dreyfus, que soube, graças ao banqueiro Castro, a verdadeira identidade do autor do documento, procura Scheurer-Kestner, que lhe confirma a informação.

12/nov Reunião na casa de Scheurer-Kestner. Estiveram presentes Mathieu Dreyfus, Leblois e Emmanuel Arène.

13/nov Nova reunião na casa de Scheurer-Kestner. Zola, convidado do vice-presidente do Senado, comparece em companhia de Leblois, do escritor Marcel Prévost e do advogado Sarrut.

15/nov Em carta aberta a um "amigo" (Arthur Ranc), publicado no *Le Temps* (datado do dia 16), Scheurer-Kestner afirma a inocência de Dreyfus. Convocado pelo governo, Schwartzkoppen (nomeado comandante do 2º Regimento de granadeiros da Guarda) deixa Paris.

16/nov Os jornais matutinos publicam uma carta, escrita na véspera, de Mathieu Dreyfus ao ministro da Guerra, denunciando Esterhazy como o autor do documento.

17/nov Logo após a denúncia de Mathieu Dreyfus, é aberto um inquérito sobre as atividades de Esterhazy. Confiado ao general de Pellieux, o inquérito, a princípio, (17-20 de novembro) administrativo, logo ganha dimensão judiciária (21 de novembro a 3 de dezembro).

25/nov Aparece no *Figaro* o primeiro artigo de Zola em favor da causa de Dreyfus ("M. Scheurer-Kestner").

26/nov Picquart, convocado da Tunísia, chega a Paris e é interrogado no inquérito conduzido por Pellieux.

28/nov O *Figaro* publica trechos da carta de Esterhazy a sua amante, madame de Boulancy (donde a famosa "carta de Ulhan").

1/dez Zola continua sua campanha no *Figaro* ("O sindicato").

3/dez Pellieux envia ao general Saussier as conclusões de seu inquérito.

4/dez Um novo inquérito sobre Esterhazy é confiado ao comandante Ravary. Interpelação a Câmara sobre o caso. Méline se defende dizendo "que não existe [o caso]", "que não pode haver caso Dreyfus".

5/dez Zola publica no *Figaro* "*Procès-verbal*" ("Averbação").

7/dez No Senado, interpelação de Scheurer-Kestner contra o governo.

14/dez Zola publica *Lettre à la Jeunesse* ("Carta à juventude").

26/dez Após avaliarem o documento, os três peritos, Belhomme, Varinard e Couard, enviam suas conclusões a Ravary: eles declaram que o documento não é obra de Esterhazy.

1898

1/jan Ravary envia ao general Saussier um relatório do inquérito concluindo impronúncia. Este último, apesar disso, decide pelo julgamento de Esterhazy.

4/nov Queixa de Picquart contra os autores dos telegramas de 10 de novembro. O juiz Bertulus é encarregado da instrução.

7/jan Zola, *Lettre à la France*. *Le Siècle* publica um ato de acusação contra Alfred Dreyfus (relatório d'Ormescheville). No mesmo momento, Bernard-Lazare publica seu terceiro memorando, *Comme on condamne un innocent* ("Como se condena um inocente").

10/jan Início do processo de Esterhazy no Cherche-Midi. A audiência privada é instituída depois de algumas horas.

11/jan O Conselho de Guerra absolve Esterhazy por unanimidade.

13/jan Publicação de *Eu acuso!* no *L'Aurore*. Na Câmara, Albert de Mun interpela o governo. No Senado, Scheurer-Kestner não é reconduzido a suas funções de vice-presidente. No início da manhã, Picquart é conduzido a Mont-Valérien, onde é detido em regime de isolamento.

14/jan Início da publicação no *L'Aurore*, de um primeiro "protesto" assinado por um grupo de intelectuais, solicitando a revisão do processo de Dreyfus. Segue-se um segundo protesto no dia 16 de janeiro.

18/jan Queixa de Billot contra Zola e o *L'Aurore*.

19/jan É lançado o Manifesto do Proletariado pelos deputados socialistas, hostil a todo engajamento na batalha do caso Dreyfus. Jaurès, que o assina, muda de posição rapidamente.

20/jan Zola e Perrenx (gerente do *L'Aurore*) recebem uma intimação.

21/jan Considerando-se difamados por *Eu acuso!*, Belhomme, Varinard e Couard intimam Zola perante o tribunal correcional.

7/fev Abertura do processo de Zola no tribunal do júri do Sena.

11-12/fev Depoimento de Picquart (5ª e 6ª audiências).

17/fev De Pellieux faz alusão ao "faux Henry" (10ª audiência).

18/fev Intervenção cominatória do general de Boisdeffre (11ª audiência).

21/fev Requisitório do advogado geral Van Cassel. "Declaração ao júri" de Zola. Início da defesa de Labori.

23/fev Zola é condenado por difamação à pena máxima (um ano de prisão e multa de três mil francos).

24-25/fev Após duas reuniões na casa de Trarieux e na de Scheurer-Kestner, toma-se a decisão de fundar a Liga para a defesa dos direitos do homem e do cidadão.

26/fev Publicação de um decreto para processo de reforma por "falta grave em serviço". Zola interpõe seu recurso de cassação.

1/mar O romance de Zola, *Paris*, chega às livrarias (ed. Fasquelle).

5/mar Duelo entre Picquart e Henry.

9/mar Zola é processado pelos três peritos, Belhomme, Varinard e Couard, perante a 9ª câmara correcional.

15/mar *Le Siècle* anuncia a formação de um comitê para a concessão de uma medalha de honra a Zola (medalha Charpentier).

2/abr A Câmara criminal da corte de cassação anula por vício de forma o julgamento do dia 23 de abril.

8/abr Os juízes do Conselho de Gerra que absolveram Esterhazy se apresentam como parte civil contra Zola.

-22/maio Eleições legislativas: Jaurès e Reinach perdem a cadeira de deputado; Drumont é eleito em Argel.

23/maio Processo de Zola a Versailles perante o júri de Seine-et-Oise. Labori apela à corte de cassação, que suspende os trabalhos. Artigo calunioso de Judet, no *Petit Journal*, contra o pai do romancista.

24/maio Zola registra queixa de difamação contra Judet.

26/maio Eleição para Academia Francesa. Zola não obtém nenhum voto (mesmo resultado de 8 de dezembro, em uma eleição ulterior).

4/jun Assembleia geral constitutiva da Liga de defesa dos direitos do homem e do cidadão.

15/jun Méline é demitido do ministério.

16/jun A Corte de cassação rejeita o recurso de Labori do dia 23 de maio.

28/jun Constituição do gabinete Brisson. O ministro da Guerra é Godefrois Cavaignac.

7/jul Cavaignac afirma, em um discurso na Câmara, possuir provas irrefutáveis da culpabilidade de Dreyfus; destaca, em particular, três documentos extraídos do "dossiê secreto".

9/jul Retomada do processo de difamação intentado pelos três peritos. Zola é condenado a quinze dias de prisão com *sursis* e multado em dois mil francos, mais cinco mil francos a título de perdas e danos para cada um dos peritos. Em uma carta endereçada ao presidente do conselho, Picquart questiona a validade das provas adiantadas por Cavaignac.

12/jul Queixa de Cavaignac contra Picquart e Leblois. Prisão e encarceramento e Esterhazy, por iniciativa do juiz Bertulus.

13/jul Prisão e encarceramento de Picquart (logo depois da queixa registrada contra ele por Cavaignac).

16/jul Zola publica no *L'Aurore* uma carta aberta endereçada a Henri Brisson.

18/jul Retomada do processo de Zola no tribunal de Versailles. Condenado de novo, ao fim da audiência, o romancista parte na mesma noite para a Inglaterra para evitar que a prisão seja declarada e executada.

19/jul Labori faz uma apelação no processo dos peritos. Zola se instala em Londres no Grosvenor Hotel.

21/jul Início de uma série de artigos de Reinach, no *Le Siècle*, sobre "os falsários" (dirigidos em particular contra Du Paty e Esterhazy).

22/jul Instalação de Zola no Oatlands Park Hotel (entre Weybridge e Walton-on-Thame).

26/jul A ordem da Legião de Honra de Zola é revogada.

1/ago Zola se instala na residência de Penn, perto de Weybridge.

3/ago Labori consegue a condenação de Ernest Judet e do *Petit Journal* por difamação na 9ª Câmara de correção.

5/ago A Corte de cassação rejeita o recurso de Zola e do *L'Aurore* contra a decisão no julgamento de Versailles em 18 de julho.

8/ago Início do interrogatórios de Picquart pelo juiz de instrução Fabre.

10/ago A Câmara de apelação aumenta as penas no processo movido pelos peritos; Zola é condenado a um mês de prisão sem *sursis* e multado em dois mil francos, mais 10 mil francos a título de perdas e danos para cada um dos peritos. Início de uma série de artigos de Jaurès no *La Petite République* (entitulados de "As provas").

11/ago Chegada de Jeanne Rozerot e das crianças à Penn. Permanecem na Inglaterra até 15 de outubro.

12/ago Deferindo requerimento do procurador Feuilloley, a Câmara de acusação declara impronúncia em favor de Esterhazy, que é posto em liberdade.

13/ago Examinando o dossiê secreto, o capitão Cuignet, adido no gabinete de Cavaignac, descobre o "faux Henry".

25/ago O juiz Albert Fabre (encarregado da instrução aberta pela queixa de Cavaignac) transfere Picquart e Leblois para o tribunal correcional.

27/ago Instalação de Zola a Summerfield (Addlestone). O conselho de inquérito encarregado de instituir as acusações feitas contra Esterhazy emite parecer favorável à sua reforma.

30/ago O coronel Henry confessa sua fraude à Cavaignac; ele é preso e conduzido a Mont-Valérien. O general de Boisdeffre pede desligamento de suas funções.

31/ago Suicídio de Henry na sua cela no Mont-Valérien.

3/set Cavaignac se demite do governo.

4/set Esterhazy deixa a França.

5/set O general Zurlinden se torna ministro da Guerra.

17/set Demissão de Zurlinden. O general Chanoine o sucede.

20/set Zurlinden (reintegrado em suas antigas funções de governante militar de Paris) ordena a instrução contra Picquart.

21/set Picquart e Leblois perante 8ª Câmara correcional: o processo é encaminhado.

22/set Picquart é encarcerado na prisão de Cherche-Midi.

23/set A pedido dos três peritos, apreensão dos bens pelo oficial de justiça no domicílio de Zola, em Paris. Uma nova apreensão será efetuada dia 29 de setembro.

10/out Instalação de Zola no Bailey's Hotel (Kensington, Londres).

11/out Leilão dos bens, rue de Bruxelles. Uma mesa é comprada por 32 mil francos por Eugène Fasquelle, o que encerra o procedimento.

15/out Zola se instala no Queen's Hotel (Upper Norwood, no subúrbio de Londres).

25/out Cai o gabinete de Brisson. Chegada de Alexandrine em Norwood: ela permanecerá até 5 de dezembro.

27/out A câmara criminal da Corte de cassação começa o exame da demanda de revisão.

29/out Ela defere a demanda e abre inquérito.

31/out Formação do gabinete de Dupuy.

7/nov Em artigo escrito no *Le Siècle*, Reinach acusa diretamente Henry de cumplicidade com Esterhazy ; ele voltará a essa acusação no número de 6 dezembro, colocando-se à disposição da justiça e da viúva de Henry.

8/nov Início do inquérito na câmara criminal.

19/nov Aparece o primeiro fascículo de *Dessous de l'Affaire Dreyfus*, ("Os subterrâneos do caso Dreyfus") de Esterhazy.

24/nov Picquart é enviado por Zurlinden perante o 2º Conselho de guerra de Paris.

25/nov No *Le Siècle* e no *L'Aurore*, publicação da primeira lista de assinaturas em homenagem a Picquart.

14/dez O *Libre Parole* abre uma subscrição em favor de viúva do coronel Henry, Berthe Henry, para que ela possa processar Reinach. A subscrição é encerrada em 15 de janeiro de 1899.

22/dez Início da segunda estada de Alexandrine em Norwood.

31/dez Apelo em favor da fundação da Liga da Pátria francesa.

1899

3/jan Georges Clemenceau visita Zola em Norwood.

6/jan O presidente da câmara civil da Corte de cassação, Jules Quesnay de Beaurepaire, que acusou a câmara criminal de parcialidade com Picquart, solicita um inquérito.

8/jan Não obtendo nenhuma resposta do primeiro presidente da Corte, Charles Mazeau pede demissão.

12/jan O ministro da Justiça, Georges Lebret, encarrega Mazeau de abrir inquérito sobre os fatos apontados por Quesnay de Beaurepaire.

19/jan Reunião constitutiva da Liga da pátria francesa.

21/jan Novo leilão no domicílio de Zola, em Paris. Eugène Fasquelle compra um espelho e uma mesa por 2500 francos.

27/jan Processo entre Reinach e Berthe Henry, perante o tribunal do júri; Labori, que defende Reinach, recorre da cassação.

30/jan Lebret submete à Câmara dos deputados um projeto de lei atribuindo às três câmaras reunidas da Corte de cassação o poder de decisão sobre todos os casos de revisão.

9/fev A Câmara Criminal encerra o inquérito sobre a revisão do processo.

10/fev A Câmara dos Deputados vota projeto de lei apresentado por Lebret.

16/fev Morte de Félix Faure, adversário ferrenho da revisão.

18/fev Emile Loubet é eleito Presidente da República.

23/fev Funerais de Félix Faure. Tentativa de sublevação nacionalista, suscitada por Déroulède, fracassa.

27/fev Alexandrine deixa Norwood e volta a Paris.

10/mar Jaurès visita Zola, em Norwood.

21/mar Primeira sessão plenária da corte de cassação, todas as câmaras reunidas sob a presidência de Charles Mazeau. Este designa como relator Alexis Ballot-Beaupré, sucessor de Quesnay de Beaurepaire na presidência da câmara civil.

7-28/mar Visita de Labori a Norwood.

29/mar Chegada a Inglaterra de Jeanne e as crianças, para as férias da Páscoa: durante esse período, Zola se hospeda com eles no Crystal Palace Royal Hotel.

31/mar O *Figaro* começa a publicação da averbação do inquérito realizado pcla Câmara Criminal.

8/abr Em Londres, encontro de Zola e o senador Ludovic Trarieux.

24/abr Início das audiências na Corte de cassação: comparecimento do capitão Freystaetter (um dos sete juízes militares do processo de dezembro de 1894), que, depois do suicídio de Henry convenceu-se da inocência de Dreyfus.

29/abr Última audiência na Corte de cassação para ouvir Cuignet e Du Paty de Clam.

15/mai Início do folhetim *Fécondité*, no *L'Aurore*.

16/mai Nova visita de Clemenceau a Zola.

29/mai A corte de cassação se reúne para escutar o relatório de Ballot-Beaupré.

1/jun Du Paty de Clam é preso.

3/jun A corte de cassação anula o julgamento de 1894. Dreyfus é levado de novo ao Conselho de Guerra.

5/jun Dreyfus é informado da sentença de revisão. Zola chega a França; levam a ele, na rue de Bruxelles, a notificação da sentença pronunciada em Versailles, no dia 18 de julho. "Justiça" é publicado no *L'Aurore.*

9/jun Zola se opõe à sentença de Versailles. Picquart sai da prisão. Dreyfus deixa a Ilha do Diabo, a bordo do cruzador Sfax.

12/jun Queda do ministério de Dupuy.

22/jun Formação do ministério de Waldeck-Rousseau, dito "da defesa republicana". A pasta da Guerra é confiada ao general Galliffet, incumbido de fazer o exército aceitar a revisão do processo.

1/jul Dreyfus chega a França, e é isolado na prisão militar de Rennes.

18/jul Le Matin publica um longo relato de Esterhazy, no qual ele explica seu papel no caso: ele reconhece ser o autor do documento, mais diz tê-lo escrito "ditado", obedecendo a ordens superiores.

7/ago Abertura do processo de Alfred Dreyfus perante o Conselho de Guerra de Rennes. O acusado é defendido por Edgar Démange e Fernand Labori.

12/ago Testemunho do general Mercier. Em Paris, a polícia prende numerosas personalidades monarquistas e nacionalistas, entre os quais Paul Déroulède. Jules Guérin, diretor do jornal *L'Antijuif*, se entrincheira na rue de Chabrol, no sítio do Grand-Occident de France (episódio do "fort Chabrol").

14/ago Em Rennes, atentado contra a vida de Labori.

31/ago Zola toma conhecimento de que foi citado em Versailles, dia 23 de novembro.

8/set Defesa de Edgar Démange (Labori renuncia a seu direito de falar).

9/set Conclusão do processo de Rennes (25ª audiência). Dreyfus é novamente declarado culpado, mais com "circunstâncias atenuantes".

12/set Zola publica "Le cinquième acte" ("O quinquagésimo ato"), no *L'Aurore*.

19/set Dreyfus é perdoado pelo presidente da república, Emile Loubet. Morte de Scheurer-Kestner.

21/set O general de Galliffet envia ao exército uma nota na qual declara: "O incidente está encerrado".

22/set Zola publica sua "Carta a Madame Alfred Dreyfus", no *L'Aurore*.

4/out Conclusão do folhetim *Fécondité* no *L'Aurore*: o romance chega às livrarias em 12 de outubro (ed. Fasquelle).

23/nov O processo de Versailles é adiado por tempo indeterminado.

1900

1/mar O Senado aprecia projeto de lei de anistia para todos os envolvidos no caso Dreyfus.

14/mar Zola é ouvido pela Comissão do Senado, no debate sobre a lei de anistia.

29/mar Zola publica sua "Carta ao Senado", no *L'Aurore*.

18/dez Após vários meses de discussões, a Câmara dos Deputados vota a lei de anistia.

22/dez Zola publica uma carta aberta ao Presidente da República, Emile Loubet, no *L'Aurore*.

24/dez O Senado vota a lei de anistia.

1901

1/fev/1901 Zola publica *La Vérité en marche*, reunião de seus artigos escritos durante o caso Dreyfus.

1902

29/set Morte de Zola, em seu domicílo em Paris, na rue de Bruxelles.

5/out Funerais, no cemitério de Montmartre. Discurso de Anatole France : "Invejemo-lo, sua vocação e seu coração lhe deram o destino mais grandioso: ele foi um momento da consciência humana".

1903

26/nov Alfred Dreyfus escreve ao ministro da Justiça para solicitar a revisão do processo de Rennes.

1904

5/mar A Câmara Criminal da corte de cassação defere a sua demanda, e ordena um inquérito.

19/nov Fim do inquérito na Câmara Criminal.

1906

12/jul A corte de cassação e todas as cortes reunidas anulam o julgamento do Conselho de Guerra de Rennes, e declaram que a condenação de Dreyfus foi pronunciada "injustamente".

13/jul A Câmara vota a lei de reintegração de Dreyfus ao exército (com a patente de chefe de batalhão) bem como a de Picquart (com a patente de general de brigada). No mesmo dia, aprova um outro projeto de lei solicitando a transferência das cinzas de Zola ao Panthéon.

21/jul Alfred Dreyfus é sagrado cavaleiro da Legião de Honra.

25/out Clemenceau se torna presidente do Conselho. Ele nomeia Picquart para o Ministério da Guerra.

1908

4/jun Cerimônia oficial marcando a transferência das cinzas de Zola no Panthéon. Um jornalista chamado Louis Grégori faz dois disparos contra Alfred Dreyfus, ferindo-o no braço.

COLEÇÃO DE BOLSO HEDRA

1. *Iracema*, Alencar
2. *Don Juan*, Molière
3. *Contos indianos*, Mallarmé
4. *Auto da barca do Inferno*, Gil Vicente
5. *Poemas completos de Alberto Caeiro*, Pessoa
6. *Triunfos*, Petrarca
7. *A cidade e as serras*, Eça
8. *O retrato de Dorian Gray*, Wilde
9. *A história trágica do Doutor Fausto*, Marlowe
10. *Os sofrimentos do jovem Werther*, Goethe
11. *Dos novos sistemas na arte*, Maliévitch
12. *Mensagem*, Pessoa
13. *Metamorfoses*, Ovídio
14. *Micromegas e outros contos*, Voltaire
15. *O sobrinho de Rameau*, Diderot
16. *Carta sobre a tolerância*, Locke
17. *Discursos ímpios*, Sade
18. *O príncipe*, Maquiavel
19. *Dao De Jing*, Laozi
20. *O fim do ciúme e outros contos*, Proust
21. *Pequenos poemas em prosa*, Baudelaire
22. *Fé e saber*, Hegel
23. *Joana d'Arc*, Michelet
24. *Livro dos mandamentos: 248 preceitos positivos*, Maimônides
25. *O indivíduo, a sociedade e o Estado, e outros ensaios*, Emma Goldman
26. *Eu acuso!*, Zola — *O processo do capitão Dreyfus*, Rui Barbosa
27. *Apologia de Galileu*, Campanella
28. *Sobre verdade e mentira*, Nietzsche
29. *O princípio anarquista e outros ensaios*, Kropotkin
30. *Os sovietes traídos pelos bolcheviques*, Rocker
31. *Poemas*, Byron
32. *Sonetos*, Shakespeare
33. *A vida é sonho*, Calderón
34. *Escritos revolucionários*, Malatesta
35. *Sagas*, Strindberg
36. *O mundo ou tratado da luz*, Descartes
37. *O Ateneu*, Raul Pompeia
38. *Fábula de Polifemo e Galateia e outros poemas*, Góngora
39. *A vênus das peles*, Sacher-Masoch
40. *Escritos sobre arte*, Baudelaire
41. *Cântico dos cânticos*, [Salomão]
42. *Americanismo e fordismo*, Gramsci
43. *O princípio do Estado e outros ensaios*, Bakunin
44. *O gato preto e outros contos*, Poe
45. *História da província Santa Cruz*, Gandavo
46. *Balada dos enforcados e outros poemas*, Villon
47. *Sátiras, fábulas, aforismos e profecias*, Da Vinci
48. *O cego e outros contos*, D.H. Lawrence

49. *Rashômon e outros contos*, Akutagawa
50. *História da anarquia (vol. 1)*, Max Nettlau
51. *Imitação de Cristo*, Tomás de Kempis
52. *O casamento do Céu e do Inferno*, Blake
53. *Cartas a favor da escravidão*, Alencar
54. *Utopia Brasil*, Darcy Ribeiro
55. *Flossie, a Vênus de quinze anos*, [Swinburne]
56. *Teleny, ou o reverso da medalha*, [Wilde et al.]
57. *A filosofia na era trágica dos gregos*, Nietzsche
58. *No coração das trevas*, Conrad
59. *Viagem sentimental*, Sterne
60. *Arcana Cœlestia* e *Apocalipsis revelata*, Swedenborg
61. *Saga dos Volsungos*, Anônimo do séc. XIII
62. *Um anarquista e outros contos*, Conrad
63. *A monadologia e outros textos*, Leibniz
64. *Cultura estética e liberdade*, Schiller
65. *A pele do lobo e outras peças*, Artur Azevedo
66. *Poesia basca: das origens à Guerra Civil*
67. *Poesia catalã: das origens à Guerra Civil*
68. *Poesia espanhola: das origens à Guerra Civil*
69. *Poesia galega: das origens à Guerra Civil*
70. *O chamado de Cthulhu e outros contos*, H.P. Lovecraft
71. *O pequeno Zacarias, chamado Cinábrio*, E.T.A. Hoffmann
72. *Tratados da terra e gente do Brasil*, Fernão Cardim
73. *Entre camponeses*, Malatesta
74. *O Rabi de Bacherach*, Heine
75. *Bom Crioulo*, Adolfo Caminha
76. *Um gato indiscreto e outros contos*, Saki
77. *Viagem em volta do meu quarto*, Xavier de Maistre
78. *Hawthorne e seus musgos*, Melville
79. *A metamorfose*, Kafka
80. *Ode ao Vento Oeste e outros poemas*, Shelley
81. *Oração aos moços*, Rui Barbosa
82. *Feitiço de amor e outros contos*, Ludwig Tieck
83. *O corno de si próprio e outros contos*, Sade
84. *Investigação sobre o entendimento humano*, Hume
85. *Sobre os sonhos e outros diálogos*, Borges — Osvaldo Ferrari
86. *Sobre a filosofia e outros diálogos*, Borges — Osvaldo Ferrari
87. *Sobre a amizade e outros diálogos*, Borges — Osvaldo Ferrari
88. *A voz dos botequins e outros poemas*, Verlaine
89. *Gente de Hemsö*, Strindberg
90. *Senhorita Júlia e outras peças*, Strindberg
91. *Correspondência*, Goethe — Schiller
92. *Índice das coisas mais notáveis*, Vieira
93. *Tratado descritivo do Brasil em 1587*, Gabriel Soares de Sousa
94. *Poemas da cabana montanhesa*, Saigyō
95. *Autobiografia de uma pulga*, [Stanislas de Rhodes]
96. *A volta do parafuso*, Henry James
97. *Ode sobre a melancolia e outros poemas*, Keats
98. *Teatro de êxtase*, Pessoa

99. *Carmilla — A vampira de Karnstein*, Sheridan Le Fanu
100. *Pensamento político de Maquiavel*, Fichte
101. *Inferno*, Strindberg
102. *Contos clássicos de vampiro*, Byron, Stoker e outros
103. *O primeiro Hamlet*, Shakespeare
104. *Noites egípcias e outros contos*, Púchkin
105. *A carteira de meu tio*, Macedo
106. *O desertor*, Silva Alvarenga
107. *Jerusalém*, Blake
108. *As bacantes*, Eurípides
109. *Emília Galotti*, Lessing
110. *Contos húngaros*, Kosztolányi, Karinthy, Csáth e Krúdy
111. *A sombra de Innsmouth*, H.P. Lovecraft
112. *Viagem aos Estados Unidos*, Tocqueville
113. *Émile e Sophie ou os solitários*, Rousseau
114. *Manifesto comunista*, Marx e Engels
115. *A fábrica de robôs*, Karel Tchápek
116. *Sobre a filosofia e seu método — Parerga e paralipomena (v. II, t. I)*, Schopenhauer
117. *O novo Epicuro: as delícias do sexo*, Edward Sellon
118. *Revolução e liberdade: cartas de 1845 a 1875*, Bakunin
119. *Sobre a liberdade*, Mill
120. *A velha Izerguil e outros contos*, Górki
121. *Pequeno-burgueses*, Górki
122. *Um sussurro nas trevas*, H.P. Lovecraft
123. *Primeiro livro dos Amores*, Ovídio
124. *Educação e sociologia*, Durkheim
125. *Elixir do pajé — poemas de humor, sátira e escatologia*, Bernardo Guimarães
126. *A nostálgica e outros contos*, Papadiamántis
127. *Lisístrata*, Aristófanes
128. *A cruzada das crianças/ Vidas imaginárias*, Marcel Schwob
129. *O livro de Monelle*, Marcel Schwob
130. *A última folha e outros contos*, O. Henry
131. *Romanceiro cigano*, Lorca
132. *Sobre o riso e a loucura*, [Hipócrates]
133. *Hino a Afrodite e outros poemas*, Safo de Lesbos
134. *Anarquia pela educação*, Élisée Reclus
135. *Ernestine ou o nascimento do amor*, Stendhal
136. *A cor que caiu do espaço*, H.P. Lovecraft
137. *Odisseia*, Homero
138. *O estranho caso do Dr. Jekyll e Mr. Hyde*, Stevenson
139. *História da anarquia (vol. 2)*, Max Nettlau
140. *Eu*, Augusto dos Anjos
141. *Farsa de Inês Pereira*, Gil Vicente
142. *Sobre a ética — Parerga e paralipomena (v. II, t. II)*, Schopenhauer
143. *Contos de amor, de loucura e de morte*, Horacio Quiroga
144. *Memórias do subsolo*, Dostoiévski
145. *A arte da guerra*, Maquiavel

Edição _ Jorge Sallum
Coedição _ André Fernandes
Capa e projeto gráfico _ Júlio Dui e Renan Costa Lima
Programação em LaTeX _ Marcelo Freitas
Diagramação em LaTeX _ André Fernandes e Jorge Sallum
Preparação _ Bruno Costa
Revisão _ André Fernandes, Bruno Costa e Rita Sam
Colofão _ Adverte-se aos curiosos que se imprimiu esta obra em nossas oficinas em 10 de maio de 2013, em papel off-set 90 g/m², composta em tipologia Times, em GNU/Linux (Gentoo, Sabayon e Ubuntu), com os softwares livres LaTeX, DeTeX, VIM, Evince, Pdftk, Aspell, SVN e TRAC.